凌辉 著

在游戏中培养
自立的孩子

上海教育出版社
SHANGHAI EDUCATIONAL
PUBLISHING HOUSE

序 言

《礼记·中庸》有云："人一能之，己百之；人十能之，己千之。果能此道矣，虽愚必明，虽柔必强。"人先自立，后能自强。"自立"，听上去很抽象，但其实就藏在生活的点滴中。从自己穿衣吃饭，到独立完成作业，每一个细微的进步，都是孩子走向"自立自强"的脚印。中华民族自古以来就崇尚自立自强，自立精神就像一颗种子，深埋在每个人的心里。为了让这颗种子在孩子们心中生根发芽，我和我的研究生十多年来一直致力于儿童自立研究，希望通过科学的方法，了解儿童的心理和行为，找到帮助他们更好成长的方法。

目前，我们对儿童自立心理与行为有了较为科学的认识，并取得一些实践价值突出的研究成果，这些成果对学界同行以及相关领域专业人士开展儿童心理教育工作具有一定启发。但仔细想想，如果只局限于单纯的学术研究，忽略将心理学直接服务社会实践，恐使心理学研究偏离实际应用这一滋养生命的沃土，难以给社会大众带来更多益处。

儿童是国家的未来，是民族的希望。然而在社会竞争加剧的当下，很多家长和教师在培养孩子自立自强方面遇到了难题，这无疑成为家庭教育与学校教育的一大痛点。

自立是一种积极自我品质，是健全人格的重要内容。黄希庭教授认为，自立是指个体从自己过去依赖的事物中独立出来，自己行动、自己作主、自己判断、对自己的承诺和行为负起责任的过程。聚焦3～12岁儿童自立行为的养成，我们将自立分为社会自立—社交行为、社会自立—安全意识、日常自立、学业自立、心理自立—自我控制五大领域，基于此，我们设计了一系列有趣的儿童游戏和实践活动。如今，通过近一年的工作，《在游戏中培养自立的孩子》终于完稿。我们期望这本书能够为广大家庭、父母以及儿童教育工作者带来有益的启发和参考，帮助孩子更好地成长。

为最大限度发挥本书的应用价值，我们努力做到以下四点。

第一，坚持内容撰写的科学性。心理学是一门科学，就像一盏明灯，应该为我们的生活照亮方向。教育孩子是一项重要而复杂的任务，需要科学的理论和扎实的证据作为支撑，才能让每一步都走得更加踏实和有效。我们查阅大量科学文献，运用相关科学理论，如班杜拉的社会学习理论、鲍尔比的依恋理论等。这些理论为每一个游戏提供必要的理论基础；此外，充分的研究证据也为每个游戏活动的科学性与有效性提供了支持。在对儿童自立行为的评估方面，我们提供了科学规范的心理测量工具，如《3～6岁儿童自立行为问卷》社会自立—社交行为分问卷、《3～6岁儿童自立行为问卷》心理自立—自我控制分问卷、《6～12岁儿童自立行为问卷》学业自立分问卷、《小学一年级学生日常自立行为观测表》等，这些工具都有明确的使用与评分标准。家长和教师可以依照本书所示标准与步骤，放心地对孩子进行教育引导。

第二，突出指导方法的实用性。本书就像一本实用的"游戏指南"，为家长和教师详细展示了每个活动的目标、流程、注意事项以及评价反思等内容。比如，在"角色游戏"一章，读者可以清楚地了解每个游戏的目标、内容、需要准备什么、具体怎么玩，以及如何总结游戏体验。特别是"游戏准备"和"游戏过程"部分，还贴心地列出了需要的物品和每个环节的关键点，让家长和教师可以轻松学会，带着孩子一起玩起来！

第三，凸显实践形式的趣味性。游戏是儿童的天性，更是幼儿学习与成长的重要方式。本书为儿童准备了许多有益且趣味性强的游戏项目，包括依恋游戏、亲子游戏、角色游戏、自我录像示范、行为契约、校园心理剧六大类。其中，依恋游戏、亲子游戏、角色游戏和校园心理剧均以经典的游戏形式开展；自我录像示范和行为契约蕴含丰富的游戏元素，指导者可以根据儿童的表现进行有针对性的奖励或引导，以更好地激发儿童的内在动力。儿童在自己喜欢的游戏中，通过主动参与、亲身体验和真实感受，实现自我成长。此外，本书还特别设计了"小悟""山羊老师"等形象作为全书的主角，充满童趣，能吸引儿童的注意力，更容易理解和认同书中的内容。

第四，把握游戏活动的教育性。本书的主要目的是为家长和教师提供科学的指导，帮助他们在家庭和学校中更好地教育儿童，培养儿童自立的品格，为养成良好习惯、提升学习能力、改善人际关系和培养社会适应能力打下坚实的基础。我们还特别汲取中国传统文化的积极元素融入游戏。例如，依恋游戏中的"敬老爱亲"，角色游戏中的"责任与担当"，行为契约中的"诚信"，校园心理剧中的"自立自强"与"坚毅"等，均是中华优秀传统文化中的美德。通过这些游戏，孩子会潜移默化受到影响，形成正确的价值观念，养成良好的行为习惯与品格。

十年树木，百年树人。教育是一项系统而长期的伟大事业，对儿童的教育是一个艰巨的历程。整本书中，"小悟"的形象贯穿每一章节。它的灵感来源于我国四大名著之一《西游记》中的孙悟空。孙悟空本身只是一块石头所化，受动物本能驱使行事，但在唐僧的教化下，历经九九八十一难，最终实现自我的成长。每个孩子都是自然与社会孕育的珍宝，有无限的发展潜能。本书以"小悟"的成长为主线，讲述了其在爸爸、妈妈和山羊老师的帮助下逐渐成长为一个自立的人。我们也希望，通过这本书，各位家长、教师和孩子可以和小悟一起闯过人生的"九九八十一难"，最终成为自己梦想中的"齐天大圣"。

本书的出版离不开凌辉教授课题组成员的辛勤劳动与无私付出，离不开上海教育出版社和编辑徐凤娇女士的帮助，对他们致以诚挚的感谢。

尽管我们付出很大努力，但由于能力和经验限制，书中难免会有不足之处。期待各位专家、家长、教师不吝指教。

凌辉

2024 年 12 月

于长沙

目　录

第一章 依恋游戏

导读

依恋游戏是一种基于依恋理论的综合、高效、愉快的亲子互动游戏，这种游戏活动以互动关系为中心，不需要任何特殊的设备，可以在任何地方、任何时间进行[1]。以依恋为导向的游戏活动（如躲猫猫、隧道游戏等）通常并不需要玩具，大多是父母与孩子通过肢体接触、眼神交流、语言、工具等互动方式来改善孩子的依恋形成[2]。

依恋游戏是一种蕴含笑声的非竞争性游戏，它的独特性在于不受时间、地点、设备的限制，并且没有固定的游戏规则[3]。它是一种吸引人的、有趣的、以关系为中心的游戏治疗方法，通过游戏，父母和孩子可以健康协调地互动，从而改善幼儿的内部工作模型。这是一种需要密集互动的、相对短期的方法，让父母积极参与孩子的世界，以培养良好的亲子关系[1]。

依恋游戏小科普

依恋是幼儿与主要抚养者（父母）之间持续强烈的感情。在心理学家鲍尔比（John Bowlby）和安斯沃斯（Mary Ainsworth）依恋理论的基础上，梅因（Mary Main）将依恋关系补充为四种依恋模式：安全型依恋（secure attachment）、抗拒型依恋（resistant attachment）、回避型依恋（avoidant attachment）和混乱型依恋（disorganized attachment）[4]。依恋游戏可以促进幼儿内部工作模型的积极发展。幼儿内部工作模型是指幼儿同主要照护人在不断交往中形成的一种对自己和他人的认知表征，用以解释事件并形成对人际关系的期望。

依恋游戏的特点

依恋游戏以亲子互动为基础，孩子为中心，可以由家长发起，也可以由孩子发起，强调家长在互动中的敏感性和反应性；亲子互动具有同步性，在互动中获得多感官体验，如触摸、眼神交流、身体接触等；好玩、有趣，能吸引孩子的注意力，常常伴随着欢乐与笑声。

依恋游戏的意义

依恋游戏作为一种基于依恋理论的亲子互动游戏，可以让父母和孩子一起参与积极、健康、愉悦的亲子互动，为孩子提供一种全新的、有益的体验，让孩子体验到自己更可爱、更有能力，体验到父母反应敏感、有爱心、可靠、关心自己和值得信赖，体验到世界安全、有趣且值得探索。依恋游戏可以转变父母对孩子的看法，使他们更积极地看待孩子，对孩子的需求更敏感。依恋游戏通过亲子之间这种积极、愉悦、高效的互动，增强父母的敏感性、反应性以及亲子互动中的多感官（触摸、眼神交流等）体验，从而促进幼儿内部工作模型的积极发展，让孩子形成更加积极的自我—他人模型，进而促进孩子社交行为的积极发展。

依恋游戏的理论基础

早在1969年，英国心理学家鲍尔比第一次提出"依恋"的概念，他认为依恋是指个体与生俱来的向重要他人（如父母、伴侣等）寻求亲近和保护的倾向[5]。鲍尔比在习性学的基础上综合精神分析理论、信息加工理论、进化论，创建了依恋理论，并且系统地阐述了依恋产生的生物学基础、内部机制和发展阶段[6]。安斯沃斯在鲍尔比依恋理论的基础上，设计了著名的陌生情境实验，发现婴儿有三种依恋类型：安全型、矛盾—焦虑型、回避型[7]。梅因在此研究基础上增加了混乱型依恋类型。后三种都为不安全依恋。依恋游戏对不安全依恋有显著的改善作用。内部工作模型说明了依恋的实质和工作过程，是依恋理论的核心思想和基本依据。

依恋游戏的实证研究

现代依恋理论证实，大脑右半球特别是右前额区域在建立自我与世界的适应关系方面发挥着至关重要的作用。右脑储存人际关系的内部工作模型，它是社会认知、对他人的理解以及心理视觉的中心。非语言行为和对非语言行为的敏感性，对于人际交往及人际关系的质量有着重要影响，包括依恋关系。因此，非语言交流，包括触摸、眼神交流、语音、语调等有助于幼儿右脑内部工作模型的积极发展，进而促进其人际关系的发展[8]。

📖 案例导入

小悟今年3岁，到了上幼儿园的年龄，可是每次在幼儿园门口和妈妈分离时总会哭闹不止，不肯离开妈妈，妈妈也感觉非常疲倦。据妈妈说，小悟自幼比较胆小、内向，不爱和其他小朋友一起玩耍，比较黏妈妈，妈妈每次离开，小悟都会表现出焦虑不安。在进园之后，小悟明显表现出退缩行为，不肯参与集体游戏，不服从老师的指导和安排，并且情绪上紧张不安，很难安抚。那么，妈妈和老师应该怎样理解小悟，怎样帮助他适应集体生活呢？

小贴士：分离焦虑指孩子与依恋对象分离时，产生损害行为能力的过度焦虑，多发于儿童。患有分离焦虑的儿童恐惧独处，特别是当依恋对象不在身边时就会出现不愿就寝、不愿外出、拒绝上学等现象[9]。

小悟：我想妈妈……我不喜欢分开，我怕……

妈妈：我该怎么帮助小悟独自去学校呢？小悟在学校该怎样更好地和小朋友相处以及完成学业呢？真是苦恼。

白天使：小悟妈妈，不要担心，让小天使来帮助你！你可以和小悟一起开展依恋游戏哦！依恋游戏是让父母和孩子一起练习一种新的、健康的、积极的互动方式。这种愉悦的、积极的、高质量（多感官）的亲子互动，可以训练父母的敏感性和反应性，帮助幼儿改善内部工作模型，让幼儿产生积极的自我—他人模型，体验到自己可爱、有价值、有能力，认为父母或照顾者温暖、有爱心、值得信赖。内部工作模型的积极转变，有助于提升幼儿的社交行为。

游戏开始之前先做一个小测试

接下来请你填写凌辉等人编制的《3～6岁儿童自立行为问卷》社会自立—社交行为分问卷，共5个项目，为5级评分，从1到5为"完全不同"到"完全相同"，总分为25分。该分问卷为他评问卷，由熟悉儿童的成人（主要是母亲）逐条评定[10]。

表1-1　《3～6岁儿童自立行为问卷》社会自立—社交行为分问卷

社会自立—社交行为	完全相同	大部分相同	一半相同一半不同	大部分不同	完全不同
1. 能较快地与陌生小朋友熟悉起来，一起玩耍	5	4	3	2	1
2. 主动跟初次见面的小朋友一起玩耍	5	4	3	2	1
3. 能很快适应新环境，如到新的幼儿园能很快找到朋友	5	4	3	2	1
4. 和小朋友在一起玩得很开心	5	4	3	2	1
5. 见到熟悉的人主动打招呼	5	4	3	2	1

注：通过分问卷得到的为社会自立—社交行为水平分数，可参考以下标准了解孩子的自立水平。

分数超过23分：棒棒的，希望继续保持。

分数在18～23分之间：正常，希望可以更上一层楼。

分数低于18分：稍低，需要继续努力。

（该标准来自凌辉主持的国家社会科学基金"十三五"规划2019年度教育学一般课题"隔代教养儿童自立行为发展轨迹及干预研究"，问卷由凌辉团队编制，科学合理，具有良好的信效度。）

接下来，请各位家长和小朋友正式进入依恋游戏，请家长和小朋友安排好时间积极参加，完成游戏后可以将贴纸贴在我们的成长足迹上。

依恋游戏具体内容

表1-2　依恋游戏时间安排表

依 恋 游 戏	次/周	主 要 目 标
1. 糖果大战	3	依恋游戏是家长（尤其是母亲）和孩子一起参与的一种积极的、愉悦的、高效的亲子互动游戏。通过依恋游戏增强家长（尤其是母亲）的敏感性、反应性以及亲子互动中的多感官（触摸、眼神交流等）体验，从而促进幼儿内部工作模型的积极发展。
2. 吹糖游戏	3	
3. 镜像游戏	3	
4. 隧道游戏	3	
5. 大球游戏	3	
6. 夹球游戏	3	
7. 糖果你我	3	
8. 藏糖果游戏	3	

注：该游戏时间安排表来自甘义《依恋游戏对小班幼儿社会自立—社交行为养成的实验研究》[11]。

○ 糖果大战

游戏介绍

小悟和妈妈都用枕头当挡箭牌，站在地上或床上，互相扔糖果，这很疯狂，也很有趣。首先妈妈拿着枕头，小悟拿着很多糖果一颗一颗扔向妈妈，妈妈尽可能地用枕头去挡住糖果，挡得越多越好，最终妈妈要能挡下小悟扔的所有糖果。然后轮换。妈妈要及时赞扬小悟，给予拥抱和夸奖。在扔糖果的过程中，注意保持微笑和眼神交流。

游戏目标与原理

通过简单、轻松、愉悦的亲子互动游戏，父母熟悉依恋游戏的模式，增强敏感性和反应性。孩子在扔糖果的过程中，会漫无目的到处扔，这个时候需要父母敏感地捕捉到孩子的肢体动作和表情，及时反应，准确挡住糖果。父母在扔糖果的过程中，要敏感地觉察孩子的接受能力，控制自己的方向和力道，避免孩子完全接不到。父母通过游戏中的一些行为，与孩子产生身体接触和眼神交流。

游戏道具

小枕头、小糖果或小纸团。

小贴士：（1）家长与孩子可在游戏过程中分享糖果，保持微笑和眼神交流。（2）扔糖果过程中，家长要注意孩子的肢体动作和表情。整个过程中，家长要及时给予拥抱、触摸和奖励。

游戏步骤

第一步，家长拿着枕头，孩子拿着糖果（一颗或多颗）扔向家长。

第二步，家长尽可能地用枕头挡住糖果，越多越好，最终目标是要挡住孩子扔的所有糖果。

第三步，进行轮换，孩子拿枕头，家长扔糖果。操作同前两步。

第四步，孩子挡住所有糖果时，家长及时给予孩子拥抱、亲吻和夸奖。

每周开展三次游戏。

○ 吹糖游戏

游戏介绍

将糖果成排放在桌子的中间位置，爸爸、妈妈和小悟各站在桌子的一边开始吹糖果，看谁先将更多糖果吹到对方那边去，每轮结束后，清点谁吹的糖果多，当小悟吹得多时，爸爸、妈妈要及时赞扬；当爸爸、妈妈吹得比较多时，可以分享糖果给小悟，及时给予鼓励。当每一轮只剩下最后一颗糖果时，爸爸、妈妈需要控制力道，与小悟对吹，保持一种动态平衡。

游戏目标与原理

通过简单、轻松、愉悦的亲子互动游戏，父母熟悉依恋游戏的模式，增强亲子互动和情感交流。父母通过游戏中的一些行为，与孩子产生眼神交流。

游戏道具

一张大桌子、小糖果或者小纸团。

小贴士：（1）当孩子吹得多时，家长要及时赞扬。当家长吹得比较多时，可以分享糖果给孩子，及时给予鼓励。不要让游戏变成竞争。（2）父母和孩子在吹糖果的过程中，保持微笑和眼神交流。

游戏步骤

第一步，将糖果成排放在桌子的中间位置，小悟和父母各站一边。

第二步，开始吹糖果。当父母吹得多时，可以将糖果分享给孩子，并给予鼓励。

第三步，当孩子吹得多时，父母可以拥抱孩子，亲吻和夸奖孩子。

第四步，当每轮只剩一颗糖果时，父母需要控制用力，与孩子保持对吹的平衡状态。

○ 镜像游戏

游戏介绍

小悟和妈妈一方演镜子，复制对方的一系列动作和表情，一方演实体人，做各种夸张的情绪表情和动作，如鬼脸或者"我爱你"的动作。开始时，妈妈是实体人，接着小悟是实体人。最后，达到妈妈与小悟同步互动的效果。如果小悟模仿比较成功，要及时给予拥抱和夸奖。

游戏目标与原理

增强父母的敏感性和反应性。父母能敏感地觉察孩子的表情和动作，快速反应并复制孩子的表情和动作。父母通过游戏中的一些行为，与孩子进行眼神交流。

游戏道具

本游戏不涉及任何道具，仅由孩子和家长参与即可完成。

小贴士：双方模仿时要注意眼神交流。一开始，家长可做滑稽动作，之后动作可逐步复杂，可表达多种情绪。当有两个家长时，另外一个家长可以帮忙教孩子做各种表情和动作。

游戏步骤

第一步，家长是实体人，做各种夸张的情绪表情和动作，如鬼脸或者"我爱你"的动作，孩子演镜子，复制家长的表情和动作。

第二步，孩子是实体人，家长演镜子，当孩子做出表情和动作后，家长需要尽快反应，复制相应的表情和动作。

第三步，最后家长要能达到与孩子同步互动的效果。如果孩子模仿比较成功，家长要及时给予拥抱和夸奖。

○ 隧道游戏

游戏介绍

爸爸和妈妈合作在地上俯卧形成一个隧道，慢慢地"坍塌"，小悟要在隧道坍塌前爬出隧道，每完成一轮，爸爸、妈妈就拥抱小悟，并亲吻和夸奖小悟。

游戏目标与原理

增强父母的敏感性和反应性。父母能敏感地觉察孩子即将通过，快速反应压在孩子的正确部位（臀部），不至于弄疼孩子。压住孩子后，及时进行眼神交流和言语鼓励。父母通过游戏中的一些行为，与孩子产生身体接触、眼神交流。

游戏道具

本游戏不使用任何道具，仅由孩子和父母参与即可完成。

小贴士：（1）本游戏旨在增强父母的敏感性和反应性。父母压住孩子后，要及时进行眼神交流和言语鼓励。父母通过游戏中的一些行为，可与孩子产生身体接触、眼神交流。（2）这个游戏要求父母一定要压在孩子身上，但不要让孩子感觉到父母故意压在自己身上。如果父母双方都参加，可以并列俯卧在地上形成长隧道。

游戏步骤

第一步，父母俯卧在地上形成一个隧道，让孩子在隧道坍塌前尽快爬过隧道。在最初的几次尝试中，让孩子完全通过。

第二步，在某一次游戏时（父母灵活调节），隧道慢慢坍塌，父母压在孩子身上（压1分钟以上，再松开，让孩子通过）。

第三步，孩子被压时，父母给予言语和眼神鼓励，孩子继续往外爬。整个游戏持续到父母快速、精准地压在孩子的正确部位，比如臀部，不会感觉疼痛。

第四步，每完成一轮，父母就拥抱孩子，摇晃、亲吻并夸奖孩子。

○ 大球游戏

游戏介绍

妈妈准备一个练习球（瑜伽球或羊角跳跳球），小悟在妈妈的帮助下站立在球上，妈妈慢慢松开握住小悟的双手，鼓励小悟在球上坚持更长时间。

游戏目标与原理

增强父母的敏感性和反应性。父母能准确地觉察孩子掉下来的瞬间，快速反应抱住孩子，而不是过早地抱住孩子或孩子已经掉下来才抱住。父母通过游戏中的一些行为，与孩子产生身体接触和眼神交流。

游戏道具

瑜伽球或羊角跳跳球（可让小朋友站立）。

小贴士：（1）训练父母对孩子的敏感觉察并作出及时、一致和恰当的反应。在游戏过程中要与孩子有触摸和眼神交流。（2）当孩子快要掉下来的时候，父母快速反应抱住孩子，然后亲吻、夸奖孩子。

游戏步骤

第一步，准备好瑜伽球或羊角跳跳球。

第二步，把孩子抱上练习球，父母握住孩子的双手。

第三步，父母慢慢远离孩子，慢慢松开双手，通过数数鼓励孩子在球上坚持更长时间。

第四步，孩子快要掉下来的瞬间，父母快速抱住孩子，然后亲吻、夸奖孩子。

○ 夹球游戏

游戏介绍

小悟和妈妈一起坐在桌子前，桌子上有两个水杯，里面有一个小球，妈妈和小悟每人拿一支筷子去夹球，将球从一个杯子夹到另外一个杯子。成功后，妈妈给予小悟拥抱、亲吻和夸奖，一起庆祝成功。

游戏目标与原理

增强父母的敏感性和反应性。父母需要敏感觉察孩子夹球的力道和方向，控制好自己的力道和方向，从而与孩子维持一种动态平衡，这样才能形成合力，将球夹入另一个杯子。

游戏道具

两个水杯（放三分之一的水）、小球（乒乓球、弹珠或糖果等）、筷子。

小贴士：（1）训练父母觉察孩子夹球的力道和方向，控制好自己的力道和方向，从而与孩子维持一种动态平衡，这样才能形成合力，将球夹入另一个杯子。（2）父母不要教孩子如何夹球。如果总是失败，孩子想放弃，父母一定要鼓励孩子多尝试。

游戏步骤

第一步，准备好所有游戏道具。小球可选择弹珠、乒乓球或者孩子爱吃的糖果。

第二步，父母和孩子每人拿一支筷子，一起夹起一个球，并慢慢合力把它夹到另一个杯子中。

第三步，成功后可挑战更难的关卡，把大球换成小球，或逐渐增加两个杯子的距离。

第四步，完成后，给予孩子拥抱、亲吻和夸奖。

○ 糖果你我

游戏介绍

让小悟安静地躺在一个沙发上，把小悟喜欢的糖果放在小悟身上，如果糖果掉下来，妈妈就可以吃掉小悟喜欢的糖果。若小悟完成挑战，妈妈要在小悟身边，一次拿一颗糖果喂给小悟吃。

游戏目标与原理

获得互动中的多感官体验，如触摸、身体接触、眼神交流等。

游戏道具

沙发（可让小朋友平躺的地方）、糖果（小朋友喜欢吃的）。

小贴士：（1）放糖果的过程中，父母要注意孩子的肢体动作和表情。整个过程中，父母要及时给予拥抱、触摸和鼓励。（2）当父母把糖果放进孩子嘴里的时候，靠近孩子，与孩子有眼神交流。游戏结束后，父母把孩子抱在怀里，轻轻摇晃。

游戏步骤

第一步，准备好孩子喜欢的糖果，小悟喜欢香蕉味道。

第二步，把糖果放在小悟身上各处，前额、前臂、胸部、腹部、大腿。不要让糖果掉下来。

第三步，保持两分钟，完成一次，喂一颗糖果给孩子吃，没有完成，家长把掉落下来的糖果吃掉。

第四步，游戏完成后，把孩子抱在怀里，轻轻摇晃。

○ 藏糖果游戏

游戏介绍

让小悟把糖果藏在自己身上（爸爸可以教小悟怎么藏）。然后，妈妈试着在做有趣的动作的过程中找到它们，看小悟的耳朵、肚脐、嘴等，捏捏小悟的手和脚等（限定时间），妈妈找到糖果，糖果就属于妈妈，没找到就属于小悟。反之亦然，妈妈身上藏好糖果，让小悟去找（限定时间），小悟找到了，糖果就属于小悟，没找到就属于妈妈。小悟找到所有糖果后，妈妈拥抱小悟，摇晃、亲吻和夸奖他。

游戏目标与原理

获得互动中的多感官体验，如触摸、身体接触、眼神交流。增强父母的敏感性和反应性，整个过程中父母要根据孩子的表情和动作，敏感地觉察到孩子可能藏糖果的地方，快速反应找到糖果。

游戏道具

尽可能小的糖果。

小贴士：（1）获得互动中的多感官体验，如触摸、身体接触、眼神交流。增强父母的敏感性和反应性，整个过程中父母要根据孩子的表情和动作，敏感地觉察到孩子可能藏糖果的地方，快速反应找到糖果。（2）当孩子找不到糖果想放弃的时候，父母要给予其鼓励，也可以先藏在一些容易找到的部位。找糖果的过程中，一定要从头到脚触摸孩子。

游戏步骤

第一步，让孩子把糖果藏在自己身上，父母可以教孩子怎么藏。

第二步，父母试着在做各种有趣的动作的过程中找到糖果，看孩子的耳朵、肚脐、嘴等，捏捏孩子的手和脚等（限定时间），找到糖果，糖果就属于父母，没找到就属于孩子。

第三步，父母身上藏好糖果，让孩子去找（限定时间），孩子找到糖果，糖果就属于孩子，没找到就属于父母。孩子找到所有糖果后，父母拥抱孩子，摇晃、亲吻和夸奖他。

依恋游戏结束后

○ 游戏后，你的孩子更自立了吗？

自立小指导：培养孩子自立需要从小抓起。下面将针对孩子在社会自立方面的问题提出一些建议和指导。

第一，家庭教育是孩子接受教育的第一步，孩子社会自立能力的发展，深受依恋关系和教养方式的影响。

第二，高质量的亲子互动。如通过依恋游戏，促进孩子形成积极的内部工作模型。

第三，使用恰当的教养方式。如既给孩子制定规矩，又善于倾听孩子的意见，促进孩子的社交行为，使孩子更愿意和同伴交往。

○ 通过依恋游戏，你有什么感受？

孩子的变化、成长：＿＿＿＿＿＿＿＿＿＿＿＿＿＿＿＿＿＿

＿＿＿＿＿＿＿＿＿＿＿＿＿＿＿＿＿＿＿＿＿＿＿＿＿＿＿＿

＿＿＿＿＿＿＿＿＿＿＿＿＿＿＿＿＿＿＿＿＿＿＿＿＿＿＿＿

＿＿＿＿＿＿＿＿＿＿＿＿＿＿＿＿＿＿＿＿＿＿＿＿＿＿＿＿

玩游戏过程中你的感受：＿＿＿＿＿＿＿＿＿＿＿＿＿＿＿＿

＿＿＿＿＿＿＿＿＿＿＿＿＿＿＿＿＿＿＿＿＿＿＿＿＿＿＿＿

＿＿＿＿＿＿＿＿＿＿＿＿＿＿＿＿＿＿＿＿＿＿＿＿＿＿＿＿

＿＿＿＿＿＿＿＿＿＿＿＿＿＿＿＿＿＿＿＿＿＿＿＿＿＿＿＿

后来的故事

老师发现，小悟身上发生很大变化。现在他会主动和妈妈说再见，在幼儿园也可以跟其他小朋友沟通交流了，可以主动融入集体，表达自己的感受和想法。别人抢了小悟的玩具或东西，他一定会要回来，不会默默忍受，并会向对方表达不满。现在小悟很愿意去尝试新的东西，比如试着学习骑自行车。小悟变得比以前大方了，没以前那么闷了。

爸爸和妈妈反馈，在玩依恋游戏后，也发现了自身的变化：在与小悟的日常互动中，更加注重肢体语言，用肢体语言鼓励小悟，对小悟更加有耐心。爸爸与小悟更加亲密，跟小悟相处更加开心，更愿意陪小悟玩游戏。

小悟现在变得愿意配合老师的引导，也能在和同学的游戏中积极配合。上学或放学的时候会主动跟同伴和老师打招呼，比以前大方很多。纪律意识增强，能遵守课堂纪律，当其他同学不遵守纪律的时候，会提醒其他同学遵守纪律，看书看到有趣的内容时，会主动跟同伴分享快乐。

社会自立—社交行为得分

小悟的社会自立—社交行为的后测得分为19分，高于前测得分4分，社交行为总体平稳上升，在干预后期上升比较快。

表1-3　小悟社会自立—社交行为得分

	前　测	后　测	追　踪
得分	15	19	21

小悟的社会自立—社交行为得分在追踪阶段有所下降，但追踪期测量分数比后测提高了2分，说明干预效果有一定保持，依恋游戏的干预提高了小悟的社会自立—社交行为水平[10]。

表1-4　小悟社会自立—社交行为观测频次表

时间（周）	基线阶段				干预阶段								追踪阶段	
	1	2	3	4	5	6	7	8	9	10	11	12	13	14
频次	12	14	15	14	15	15	14	17	16	20	23	26	21	23

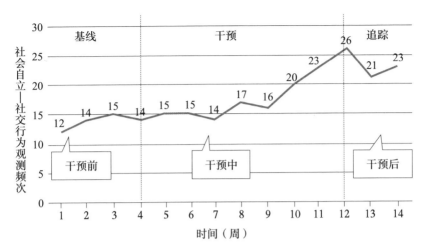

图1-1 小悟社会自立—社交行为观测频次结果

奖励机制

1. 每完成一个游戏，奖励孩子一朵小红花。

2. 完成所有游戏后，孩子可以用八朵小红花兑换一个想要的玩具（如娃娃、遥控玩具等）。

小红花贴纸处

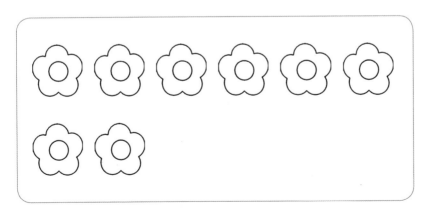

孩子想要的玩具：_____

19

足迹板块：每个圆圈代表一个游戏，小朋友选择自己喜欢的贴纸贴在树上。全部贴满代表完成自立挑战。

本章注释

［ 1 ］Solter, A. J. Attachment play: How to solve children's behavior problems with play, laughter, and connection［M］. Shining Star Press, 2013.

［ 2 ］O'Connor, K. J., Schaefer, C. E., Braverman, L. D. Handbook of play therapy (2nd ed.)［M］. John Wiley & Sons, 2015.

［ 3 ］Booth, P. B., Jernberg, A. M. Theraplay: Helping parents and children build better relationships through attachment-based play［M］. John Wiley & Sons, 2009.

［ 4 ］［美］David R. Shaffer & Katherine Kipp 著.邹泓，等，译.发展心理学（第九版）［M］.北京：中国轻工业出版社，2023.

［ 5 ］Bowlby, J. Attachment and loss, Vol. 1. Attachment［M］. New York: Basic Books, 1969.

［ 6 ］Review by: Anthony Giddens. Attachment and loss, Vol. I: Attachment by John Bowlby［J］. British Journal of Sociology, 1970, 21(1): 111−112.

［ 7 ］Ainsworth, M. D. S., Blehar, M. C., Waters, E., et al. Patterns of attachment: A psychological study of the strange situation［M］. Psychology Press, 2015.

［ 8 ］Schore, J. R., Schore, A. N. Modern attachment theory: The central role of affect regulation in development and treatment［J］. Clinical Social Work Journal, 2008, 36(1): 9−20.

［ 9 ］蔡素文.儿童分离性焦虑心理辅导［J］.江苏教育·心理健康，2018（32）：30−32.

［10］凌辉，朱阿敏，张建人，等.3～6岁儿童自立行为问卷的编制［J］.中国临床心理学杂志，2016，24（4）：667−670.

［11］甘义.依恋游戏对小班幼儿社会自立—社交行为养成的实验研究［D］.长沙：湖南师范大学，2020.

第二章 亲子游戏

导读

亲子游戏是重要的家庭游戏之一，是父母与孩子以情感为基础进行的一种特殊活动[1]，是父母与孩子在特定的家庭文化环境中的接触和交往[2]。在亲子游戏中，父母可以与孩子亲密接触，使孩子感受到快乐和有趣，在温暖的氛围中发展身心[3]。在亲子游戏愉快的环境中，孩子会更愿意表达自己的想法，学会如何和他人共同参与游戏，并分享自己在游戏中的愉快情绪，从而在生命早期学会如何与他人相处，如何控制自己的情绪[4]，提高自立能力。

本章以小悟自立能力提升的案例故事导入，准备了八个亲子游戏，每个游戏都有自己的特色和主题，帮助年轻父母提升孩子的心理自立—自我控制能力。

亲子游戏小科普

亲子游戏可以很好地满足幼儿的各种高级需要[5]，幼儿在与父母的游戏过程中获得影响和控制环境的能力，这种自主感能够有效帮助幼儿提高心理自立—自我控制水平。

亲子游戏的特点[9]

自主性。亲子游戏是一种由幼儿自主控制的活动，而不由家长操控。

愉悦性。亲子游戏过程中常伴随着愉悦的情绪体验。

想象力。游戏常常是在假想的情景中发展的。

灵活性。亲子游戏没有强制的外在目的，随着游戏进程随时扩展游戏的目的。

亲子游戏的意义

亲子游戏是游戏的一种开展方式，父母与孩子共同参与，孩子主导游戏活动过程，亲子间进行亲密互动，在轻松愉快的游戏氛围中促进孩子的身心发展。亲子游戏是亲子间通过双方的情感联结进行亲密互动，以帮助幼儿逐步实现社会化的过程。

父母在亲子游戏的互动过程中通过言传身教，树立榜样作用，让幼儿自觉学习正确的行为方式，而且父母在游戏过程中通过有意识的引导和强化，帮助幼儿巩固自己原有的良好的行为方式，逐步建立新的行为方式，在玩乐的过程中逐步提高自己的行为和情绪控制能力。

亲子游戏的理论基础

亲子游戏有两个理论基础。一是需要层次理论。心理学家马斯洛（Abraham H. Maslow）指出，每个人都具有一定的内在价值，这种内在价值就是人的一些潜能或基本需要。人类的需要由低级到高级依次为生理的需要、安全的需要、归属和爱的需要、尊重的需要和自我实现的需要[6]。

二是符号互动理论。符号指语言、文字、记号等，个体的动作和姿势也是一种符号[7]。这些符号是互动的重要内容，互动组成社会的沟通交流，当一方发起行动且另一方作出回应时，互动就产生了[7]。亲子游戏是家庭互动的一种，也是亲子互动的重要形式之一。

亲子游戏的实证研究

2001年，我国《幼儿园教育指导纲要（试行）》提出，3～6岁幼儿应当主动参与各项活动，有自信心，乐意与人交往、学习互助、合作和分享，有同情心。同伴交往能力的发展是幼儿社会性发展的重要内容。

家庭作为幼儿同伴交往能力发展的因素之一，在很大程度上影响幼儿的交往方式和交往能力。在影响幼儿同伴交往能力的诸多因素中，家庭因素有着不可替代的作用，尤其是亲子互动，会直接影响幼儿与同伴的交往和互动。有研究表明，积极与孩子开展游戏的父母能够在较大程度上提升孩子的社会交往能力，相反，家庭氛围比较沉闷，较少与父母进行互动、交流或游戏的孩子则不善交往。亲子游戏不仅能够增强父母与幼儿的互动，而且对幼儿安全型依恋、良好性格和交往动机等方面有独特的价值。

📖 案例导入

小悟今年4岁，上幼儿园小班。小悟是一个很有自己想法的孩子，会按照自己的想法做很多事情。但和其他小朋友一起玩时，他会比较霸道，需要别人顺着他的意思，否则就会发脾气、生闷气。

如果外在规则和自己的想法不一致，他一般都会按照自己的想法来，很少主动尝试新的变化。后期开展一系列亲子游戏，得到父母和老师的陪伴与引导，小悟与其他小朋友相处更加主动，也温和了很多，情绪控制能力也有明显提升。平时会关注其他小朋友的活动，而不是只做自己的事情，小悟的社会自立水平有了很大提高。是什么样的游戏可以有这样的魔力呢？让我们一起来看一下吧！

游戏开始之前先做一个小测试

表2-1　《3～6岁儿童自立行为问卷》心理自立—自我控制分问卷

心理自立—自我控制	完全相同	大部分相同	一半相同一半不同	大部分不同	完全不同
1. 和小朋友一起玩时，不争抢，不独霸玩具	5	4	3	2	1
2. 需要得不到满足时能够接受解释，不乱发脾气	5	4	3	2	1
3. 情绪比较稳定，不会动不动哭闹不止	5	4	3	2	1
4. 不总是黏着父母	5	4	3	2	1
5. 看动画片时能按照大人的提醒控制时间	5	4	3	2	1

注：通过分问卷得到的为心理自立—自我控制水平分数，可参考以下标准了解孩子的自立水平。
分数超过20分：棒棒的，希望继续保持。
分数在15～20分之间：正常，希望可以更上一层楼。
分数低于15分：稍低，需要继续努力。
（该标准来自凌辉主持的国家社会科学基金"十三五"规划2019年度教育学一般课题"隔代教养儿童自立行为发展轨迹及干预研究"，问卷由凌辉团队编制，科学合理，具有良好的信效度。）

亲子游戏具体内容

本次亲子游戏的干预一共8周，每周开展两次亲子游戏（见表2-2）。家长在参与亲子游戏的过程中要注意幼儿的行为表现，对幼儿表现出的好的行为要及时夸奖和肯定，对不好的行为要及时指正或引导。亲子游戏结束后，家长要再次总结或点评幼儿以及自己在亲子游戏过程中的表现，也可以让幼儿自己总结或点评，幼儿表现出较好的目标行为时，可以给予奖励措施。具体游戏方案如下[8]：

表2-2　亲子游戏时间安排表

游 戏 主 题	游戏次数/周	干 预 目 标
模仿游戏	2	家长与孩子关系亲近，为后续干预作准备
创意拼图	2	培养独立思考的意识
反弹投球	2	培养合作意识
传递表情	2	认识或观察情绪
咆哮的动物们	2	识别并控制自己的情绪
卖火柴的宝宝	2	体验需求得不到满足时的失落，合理发泄自己的情绪
五色糖豆	2	学会等待
宝宝看电视	2	控制自己的行为

心 愿 清 单

欢迎你即将开启"自立之星"旅程。快在心愿池中写下自己的心愿清单吧！

_____

_____

_____

_____

_____

_____

具体做法：孩子在游戏开始前列出自己的心愿，游戏完成后父母可以根据实际情况一步一步满足孩子的心愿哦！

○ 模仿游戏

游戏介绍

小悟和家长一方演实体人，做各种夸张的情绪表情和动作，如鬼脸或者"我爱你"的动作；一方演镜子，复制对方的一系列表情和动作。开始时家长是实体人，接着孩子是实体人，最后达到家长与孩子同步互动的效果。如果孩子模仿比较成功，要及时给予拥抱和夸奖。

游戏道具

本游戏不使用道具，家长可以准备一些孩子完成游戏后的小奖励。

小贴士：（1）家长采用的表情最好积极向上、阳光开朗，对孩子具有正向的引导作用，给予更多积极暗示。（2）家长可以询问孩子做这个表情或者动作的原因，比如"比心"可以表达爱意。孩子的其他表情或者动作有什么寓意呢？

游戏步骤

第一步，家长是实体人，做各种夸张的情绪表情和动作，如鬼脸或者"我爱你"的动作，孩子演镜子，复制家长的表情和动作。

第二步，孩子是实体人，家长演镜子，当孩子做出表情和动作后，家长需要尽快反应，复制相应的动作。

第三步，最后家长要能达到与孩子同步互动的效果。如果孩子模仿比较成功，家长要及时给予拥抱和夸奖。

○ 创意拼图

游戏介绍

妈妈把旧报纸或旧杂志上的人物图片剪下来，例如棒球选手、司机、警察等，让小悟说说他们是谁，都做什么事。妈妈把这些人物图片的头部和身体部分剪开，再让小悟重新任意组合，帮每个身体配上头部，并贴在白纸上。

游戏道具

旧报纸、旧杂志、剪刀等。

小贴士：（1）家长挑选旧报纸或旧杂志时，注意选择具有典型性的人物，可以通过衣着或动作辨认。（2）剪纸的过程中要注意剪刀的位置，小心碰伤孩子。游戏过程中要注意培养孩子独立思考的能力，不要轻易动手帮孩子完成。

游戏步骤

第一步，家长将旧报纸或旧杂志上的人物图片剪下来，例如棒球选手、司机、警察等，让孩子说说他们是谁，都做什么事。

第二步，家长将人物图片的头部和身体部分剪开，让孩子任意组合，帮每个身体配上头部，并贴在白纸上。

○ 反弹投球

游戏介绍

小悟和爸爸妈妈三个人一起，其中两人面对面站立，手拉手形成一个圆圈，另一个人在距离2～3米的地方投球，使球在地上反弹起来能进入围成的圆圈内。每人有10次投球机会，各人可以轮流当投手。

游戏道具

准备适合小悟玩的弹力乒乓球或者弹力比较好的皮球等。

小贴士：（1）游戏结束时要引导孩子发现规律，有的孩子单纯觉得游戏好玩而没有思考其中的道理，家长一定要注意引导孩子思考合作的意义。建议总结游戏后还可以再玩几轮，以巩固学到的东西。（2）找一个空旷、开阔的地方，家长引导孩子通过三个人之间的合作让球每次都可以扔进圈内，以此理解合作的力量。

游戏步骤

第一步，两位家长和孩子一起，其中两人面对面站立，手拉手形成一个圆圈。

第二步，另一个人在距离2～3米的地方投球，将球投掷在地上反弹后进入圆圈内。

第三步，每人有10次投球机会，三个人可以轮流当投手。

○ 传递表情

游戏介绍

游戏目标是让孩子观察并认识他人的情绪。家庭成员（一般至少应包括父亲、母亲、孩子本人）围坐成一个圈，让孩子注意观察表演者的表情，说出这是什么表情，并模仿做出一样的表情。时间为20～30分钟，在家里或公园安静的地方都可以进行。

游戏道具

此游戏不需要道具，家长可以准备一些孩子完成游戏后的小奖励。

小贴士：（1）家长的表情尽量丰富些，贴合孩子生活的日常，是在家里或学校中经常会看见的表情。（2）孩子在模仿表情的过程中，可能出现模仿不到位的情况，家长应该耐心纠正、引导，以鼓励为主，不宜打击孩子的自信心。

游戏步骤

第一步，家庭成员围坐在一起，一位家长如母亲充当游戏主持人，另一位家长则是孩子模仿的对象。

第二步，母亲说出导入语：今天我们来玩一个传递游戏，传递什么呢？传递表情，大家先坐成一个圈，一个人做出表情后，宝宝要说出这是什么表情，然后要做出一样的表情，大家明白了吗？好，我们开始。

第三步，父亲开始做出喜、怒、哀、乐四种表情（或者孩子有能力识别的更多其他表情）。

第四步，孩子开始模仿父亲的表情。

第五步，母亲作为主持人进行总结，总结语为：我们今天认识了很多种表情，每种表情都代表了人们当时的心情，宝宝还记得这些表情吗？非常好，以后能认识这些表情吗？很厉害哦。

○ 咆哮的动物们

游戏介绍

通过"传递表情"的主题游戏，孩子认识表情的能力有了进一步增强，此次游戏的目标是教孩子识别和控制自己的情绪。游戏所用道具为小动物图片若干，注意图片里的小动物发着脾气，表现出不同程度的愤怒（如从愤怒到无比愤怒）。游戏时间为20～30分钟，在家里或室外公园安静的环境中都可以进行，本次游戏包括孩子和父母双方中的至少一位，接下来以母亲和孩子为例介绍游戏。

31

游戏道具

小动物图片若干。

小贴士：（1）可以通过拍照记录孩子日常生活中不同程度的愤怒情绪，游戏结束后，让孩子对自己不同程度的愤怒情绪进行排序，并作出认知性评价。（2）父母在游戏过程中应创造宽松舒适的环境氛围，对孩子做得好的小细节，应该及时给予口头鼓励和夸奖，也可以使用物质奖励。

游戏步骤

第一步，母亲和孩子靠近坐在桌子前，母亲拿出小动物的图片放在两个人面前。

第二步，母亲引导孩子，引导语为：上次我们玩了认识表情的游戏，宝宝还记得吗？孩子回答：记得！

第三步，母亲说：我们今天来玩个更有挑战性的游戏，给表情排顺序。仔细看我手里的图片，然后对这些呈现出不同表情的小动物图片进行排序。

第四步，母亲依次问孩子如下问题：你是怎么看出来的？生气的时候好看吗？如果你也很生气，别人看到你的样子也是这样吗？一个高兴的人和一个生气皱眉的人，哪一个好看呢？

第五步，母亲总结：宝宝你今天做得非常好，奖励你一张非常好看的贴纸。愤怒的人是非常可怕的，对吧，如果我们生气也会变成这个样子，会吓到别人，所以只有我们不乱发脾气，别人才会喜欢和我们玩。

○ 卖火柴的宝宝

游戏介绍

小悟扮演卖火柴的人，爸爸或妈妈扮演路人，小悟想办法尽量让路人买自己的东西。在这次游戏中，爸爸和妈妈需要重点关注小悟的情绪，当成功卖出火柴时，引导小悟说出自己的情绪、产生这种情绪的原因；没有卖出火柴时，引导小悟说出自己的情绪、产生这种情绪的原因以及要怎么办等，慢慢引导小悟说出更多原因。可轮流扮演不同的角色。

游戏道具

小篮子、火柴、糕点、文具等。

小贴士：（1）本次游戏在家里开展，即兴演出，没有剧本，不用彩排，直接上演。需提前想好家长要怎么反应，以防游戏过程中不知道怎么处理。（2）这个游戏的重点是，被拒绝后孩子的感受和处理自己的感受的方法，父母一定要正确引导，最好玩游戏之前就在脑海里构思好如何引导孩子表现出某种情绪和行为。

游戏步骤

第一步，父母和孩子进行角色扮演，孩子扮演卖火柴的人，父母扮演路人。

第二步，成功卖出火柴时，引导孩子说出自己的情绪、产生这种情绪的原因；没有卖出火柴时，引导孩子说出自己的情绪、产生这种情绪的原因以及要怎么办等。

孩子：请问你需要火柴吗？

母亲：我想要，但是我的钱不多了，不能买。

母亲：如果你有好的理由，我可以考虑买一盒火柴。

总结：刚才路人没有买你的火柴，你的心情是什么样的呢？听到路人的原因，你的心情又是什么样的呢？当路人买了你的火柴，你的心情是什么样的呢？你作为路人时感受是什么样的呢？这是不是告诉我们，当我们有需要时，也有可能被拒绝，要求得不到满足？被拒绝时，我们也要站在对方的角度思考，然后想怎么解决才是最重要的，而不是发脾气，对吗？宝宝的表现很棒，没有发脾气，而是努力把火柴卖了出去，奖励一张漂亮的贴纸。好，我们今天就玩到这里哦。

○ 五色糖豆

游戏介绍

五色糖豆游戏是一款结合了手工创意和益智元素的游戏。孩子使用五种不同颜色的彩泥，通过捏、揉、塑形等方式，完成任务。游戏不仅考验孩子的动手能力，而且通过延迟满足的机制，培养孩子的耐心、策略思维和长期目标导向。

游戏道具

彩泥、不同颜色的糖豆。

小贴士：（1）家长要在旁边看着孩子，防止孩子误食彩泥。（2）通过这个游戏培养幼儿延迟满足的能力。

游戏步骤

第一步，分给孩子和家长一盒彩泥，并告诉孩子彩泥不能吃，吃了会生病。

第二步，分给孩子三颗不同颜色的糖豆。

第三步，告诉孩子要照着糖豆的模样捏出至少三颗糖豆，剩下的彩泥可以捏成其他任何东西。

第四步，游戏结束洗完手才能吃糖豆。

○ 宝宝看电视

游戏介绍

妈妈扮演孩子，小悟扮演家长，妈妈要一直看电视，而小悟作为家长要采取措施。在这个过程中，小悟要引导妈妈意识到，看电视时间过长对自己的眼睛和电视都不好。比如，妈妈一开始不同意关电视，过了一段时间后说自己眼睛酸疼，到最后关电视时发现电视有点发热，或者下次看电视时电视有点小毛病等，可自由发挥。

游戏道具

用一个纸箱当作电视。

小贴士：（1）游戏过程中家长尽量模仿孩子日常的行为，比如坐得离电视很近，或者不听大人讲话，要让孩子意识到自己的行为是不好的。制定规则时，要和孩子商量，并且约定好要按照规则执行。（2）孩子和家长要制定看电视的规则，比如坐远点，看电视的时长等，家长按照规则看电视，然后角色互换看孩子怎么做，家长引导孩子控制看电视的时间。

游戏步骤

第一步，家长与孩子身份互换，家长假装一直看电视（纸箱子），孩子作为家长采取措施。

第二步，家长在这个过程中要强调看电视太久会出现的问题，比如自己眼睛痛，电视发热或出现了一些问题，让孩子意识到看电视时间过长是一件不好的事情。

第三步，家长和孩子一起商定看电视的规则，比如坐远点，看电视的时长等。

亲子游戏结束后

最后，一起来完成游戏的反馈与启发吧!

成 长 路 线 图

　　具体做法：每完成一个游戏，家长可以和孩子一起在脚印上贴一张小猴子贴纸，一起见证孩子通过自己的努力一步一步走向自立的过程。

○ 游戏后，你的孩子更自立了吗？

亲子游戏对幼儿心理自立养成的个案研究[9]

个案干预结果定量分析

表2-3　家长和教师评定小悟心理自立—自我控制得分

	前　测	后　测	追　踪
家长评定	18	20	20
教师评定	17	18	19

　　由表2-3可知，小悟的心理自立—自我控制得分，家长和教师后测评分均高于前测，并且这种效应在追踪阶段继续保持，心理自立—自我控制水平有所提高。

表2-4　小悟心理自立—自我控制行为观测频次表

	基　线　阶　段				干　预　阶　段								追踪阶段	
时间（周）	1	2	3	4	5	6	7	8	9	10	11	12	13	14
频次	5	6	7	7	8	10	5	9	10	14	11	11	12	13

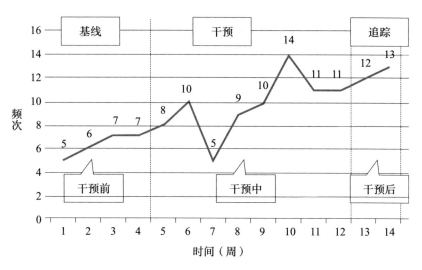

图2-1　小悟心理自立—自我控制行为频次变化情况

家 长 反 馈

在亲子游戏过程中，你觉得孩子有哪些进步？

从亲子游戏中，你有什么样的收获与启发？

奖励计划

恭喜你，圆满完成亲子游戏这一板块的任务，成为亲子游戏板块的"自立之星"。下面快来领取属于自己的小奖品吧！

本章注释

[1] 凌辉，宁柳，刘淼婷，等.亲子游戏促进幼儿同伴交往能力发展的个案研究 [J] . 中国临床心理学杂志，2023,31（2）：491-495.

[2] 吴丽丽. 幼儿家庭亲子游戏的现状研究 [D] . 福州：福建师范大学，2016：3-5.

[3] 李生兰.学前儿童家庭教育 [M] . 上海：华东师范大学出版社，2006.

[4] MacDonald, K., Parke, R. D. Bridging the gap: Parent-child play interaction and peer interactive competence [J] . Child Development, 1984, 55(4): 1265-1277.

[5] 亚伯拉罕·哈罗德·马斯洛. 动机与人格 [M] . 西安：陕西师范大学出版社，2010.

[6] 尹芳. 重庆市主城区幼儿家庭亲子游戏现状的研究 [D] .重庆：西南师范大学，2003.

[7] 毛晓光. 20世纪符号互动论的新视野探析 [J] . 国外社会科学，2001（3）：13-18.

[8] 凌辉，朱阿敏，张建人，等.3～6岁儿童自立行为问卷的编制 [J] . 中国临床心理学杂志，2016，24（4）：667-670.

[9] 申改华，等.亲子游戏对幼儿心理自立养成的个案研究 [J] . 心理学进展，2020，10（1）：1-8.

第三章 角色游戏

导读

角色游戏是游戏者通过扮演角色，模仿、想象，创造性地反映现实生活的一种游戏[1]。角色游戏也称为象征游戏，是幼儿期典型的游戏形式。角色游戏被认为与儿童的认知能力、社会能力有重要关系。角色游戏因具有高度的自由性、趣味性和丰富想象性等特点而被幼儿深深喜爱[2]。角色游戏都有一定的主题，所以又称为主题角色游戏[3]。本章设计了十多个主题角色游戏，以促进儿童社会自立、日常自立、学业自立的养成。

角色游戏小科普

角色游戏的特点

角色游戏是幼儿主要的游戏活动类型，属于象征游戏范畴，是一种发展的活动形式。幼儿在这种活动中扮演成年人的角色（职能），并在专门设置的游戏条件下，概括地再现成年人的活动和人物关系。主题、角色、动作和规则是角色游戏的基本结构要素[4]。

角色游戏的意义

从角色扮演的发生、发展过程来看，它遵循角色行为—角色意识—角色认知这样的发展途径。其中，角色行为是角色扮演最早出现的成分，角色动作的连贯与否标志着角色意识的发展情况，而角色认知是角色意识进一步发展的结果，它在一定程度上反映了幼儿角色游戏的发展是否进入成熟阶段。这三者的不断深化和发展构成幼儿角色扮演的发展历程，推动幼儿角色游戏逐步深入和社会性认知不断向前发展[5]。个体在这一过程中了解并初步掌握社会规范和社会生活技能，发展自主性，逐渐适应社会生活，同时实现心理发展[6]。

角色游戏的理论基础

社会学习理论认为，个体如何行动取决于如何看待身边他人的榜样行为，而同龄人是影响个体行为的重要成员，与拥有榜样行为的同伴相处，儿童会在不知不觉中产生观察学习。维果茨基（Lev Vygotsky）的游戏理论认为，游戏本身就是发展的源泉，他强调游戏使思维摆脱具体事物的束缚，使儿童在按照直接知觉和当时影响行动的同时，还能够根据情境的意义行动，并且能够将外界情境或意义纳入自身的观念世界[7]。社会角色理论认为，社会化的人在一生中会根据不同的情境而扮演不同的角色[8]。儿童在扮演和体验角色后，也会慢慢学习角色的职责和社会规则，经过内部消化，儿童就能够将其转化为自觉行为。从被动接受到主动建构，儿童只有在角色扮演中体验到规则和纪律给自己带来乐趣，才能够满足其内在需求[9]。

角色游戏的实证研究

20世纪60年代后的大量角色游戏训练研究表明，以想象为特征的角色游戏对幼儿身心各方面的发展都具有积极意义，包括社会性、认知、语言等方面。近年来，皮丹丹、盛向超、林红、马文洁等的研究也证实，角色游戏在社会自立—社交行为、社会自立—安全常识、日常自立行为养成和课堂学业自立等方面具有良好干预效果[4, 10-13]。

角色游戏具体内容

○ 训练干预社会自立—社交行为的角色游戏

案例导入

5岁的小悟是一名幼儿园的小朋友，他很能干，而且懂的东西非常多，大家都觉得他是幼儿园的小天才。小悟看事情的角度和其他孩子不太一样，当别的小朋友玩小汽车时，他会专注于车子为什么会动。但是，小悟在和别的小朋友相处时显得不那么友好，发生冲突的时候，小悟会拒绝和其他小伙伴继续做朋友，还是个"小哭包"。

在妈妈的陪伴和幼儿园老师的指导下，小悟进行了角色游戏训练。随着角色游戏的开展，小悟在社交方面一点一点进步，走在路上也愿意和同学打招呼了，也不再是同学口中的"小哭包"了！在角色游戏进行到最后的时候，据妈妈反馈，小悟天天出去和小朋友们玩耍！是什么样的角色游戏有这样的魔力呢，一起往下看吧！

游戏开始之前先做一个小测试

完成《3～6岁儿童自立行为问卷》社会自立—社交行为分问卷（见第一章），以评定社会自立—社交行为水平。

训练干预社会自立—社交行为的角色游戏包含小医院和快乐商业街两个主题游戏，每周开展一次游戏，每次游戏时间建议为30～40分钟。完成游戏后，可以到最后的成长足迹处贴上贴纸哟！

表3-1 游戏干预时间安排表

时　间	游戏名称	游戏次数（次/周）	建议游戏时长（分钟）
第一周	小医院（一）	1	30～40
第二周	小医院（二）	1	30～40
第三周	小医院（三）	1	30～40
第四周	小医院（四）	1	30～40
第五周	快乐商业街（一）	1	30～40
第六周	快乐商业街（二）	1	30～40
第七周	快乐商业街（三）	1	30～40
第八周	快乐商业街（四）	1	30～40

小医院

第一次游戏

游戏目标

1. 遵守游戏规则；

2. 幼儿自主分配角色，或者在成人的帮助下分配角色；

3. 医生、病人能明确各自的角色身份，开展角色间的游戏交流；

4. 爱惜角色区的玩具，不用力摆弄，不乱丢乱扔；

5. 游戏结束时，能收拾好玩具并放回原处。

游戏内容

处理伤口、看病、打针、拔牙、取药等。

游戏准备

1. 材料准备：医生和护士的服装、镊子、消毒水、棉签、创可贴、针筒、听诊器、牙医工具箱、空药盒等。

2. 经验准备：有去医院看病的经历，会使用一些简单的医疗工具。

妈妈：为什么要准备角色扮演的道具呢？

老师：3～6岁的幼儿正处于前运算阶段，思维以直观形象为主，利用道具进行角色扮演可以帮助幼儿理解他人的观点、行为，习得良好的行为习惯。

游戏过程

1. 游戏导入：大家都去过医院吗？医院里有哪些人呢？他们都做些什么呢？

2. 讨论游戏玩法：医生是怎样看病的？病人怎样去医院看病？

3. 幼儿尝试游戏：首先，老师介绍角色区的游戏材料和游戏规则。接着，幼儿身着医护服装，准备好医疗道具。家长当牙疼的病人，夸张地表演疼痛，需要医生的帮助。病人见到医生，模拟现实引导幼儿进行医患对话，如病人敲门，捂着牙疼的一边脸，表情很夸张：医生您好，我的牙齿长虫了，好疼啊，您能帮我看看吗？说罢张大嘴巴。幼儿此时作出回应，并运用道具。病人进一步引导对话，表现出相应的动作，直到整个看病过程结束。老师全面巡视，了解幼儿的游戏情况，给予指导。

4. 游戏结束，放音乐提醒幼儿收拾玩具。

小贴士：家长和老师可以通过讲故事、讨论等形式导入游戏。

游戏总结

对幼儿给予鼓励：遵守游戏规则，不哄抢扮演角色；能明确自己的角色身份，认真参与游戏。

第二次游戏

游戏目标

幼儿愿意并主动加入同伴游戏。

游戏过程

1. 游戏导入：上次玩小医院的游戏时，老师发现有的小朋友不太愿意加入角色游戏，小朋友们有没有办法，怎样才能让你的好朋友和你一起开心地玩呢？平时遇到这样的情况，你们可以做些什么呢？

2. 引导幼儿积极讨论加入同伴游戏的好处和办法。

3. 肯定幼儿的想法，鼓励幼儿尝试游戏："今天能很好地和好朋友一起玩游戏的小朋友，可以得到老师给的漂亮贴纸。"

4. 游戏结束，放音乐提醒幼儿收拾玩具。

小贴士：可以让上次参加过游戏的小朋友表达自己对游戏的喜爱，并主动邀请上次不太愿意参加游戏的一两位小伙伴参加。

游戏总结

对本次游戏中能和同伴一起开心玩游戏的幼儿给予表扬和贴纸奖励。

第三次游戏

游戏目标

幼儿能进行角色间的礼貌互动。

游戏过程

老师：今天早上，有的小朋友来到幼儿园后没有和老师打招呼，老师非常伤心。

1. 游戏导入：你们愿意看到老师伤心吗？你们平时都和老师、爸爸、妈妈礼貌地打招呼吗？在外面玩的时候看到认识的叔叔、阿姨，你们会主动打招呼吗？

2. 引导幼儿积极讨论。

3. 肯定幼儿的礼貌行为，鼓励幼儿在游戏中和同伴礼貌地打招呼。

4. 游戏结束，放音乐提醒幼儿收拾玩具。

游戏总结

对能和同伴礼貌地打招呼、玩游戏的幼儿给予表扬和贴纸奖励。

小贴士：家长和老师表扬并强化幼儿表现出的目标行为，给予幼儿贴纸、糖果等奖励。

第四次游戏

游戏目标

在资源有限的情况下，幼儿能和同伴分享玩具或资源。

游戏过程

1. 游戏导入：上次玩小医院的游戏时，老师发现有很多小朋友想要扮演医生，不愿意扮演病人，导致有的小朋友没有参与游戏，或者玩得不开心。有没有小朋友想到一个好办法能分配好小医院的角色，使大家一起开心玩游戏呢？

2. 引导幼儿积极讨论，商量解决方案。

3. 肯定幼儿的想法，鼓励幼儿尝试游戏："今天能很好地和好朋友一起玩游戏的小朋友，可以得到老师给的漂亮贴纸。"

4. 游戏结束，放音乐提醒幼儿收拾玩具。

小贴士：老师和家长要积极引导幼儿与同伴轮流扮演角色，分享玩具或资源，只有遵守游戏规则的小朋友才能获得贴纸奖励。

游戏总结

对本次游戏中能和同伴轮流扮演角色，分享玩具或资源的幼儿给予表扬和贴纸奖励。

角色游戏如何帮助幼儿与同伴交往呢？

首先，角色游戏是需要多人参与的游戏活动，它为幼儿提供了与同伴交往的机会。

其次，在开始游戏前，幼儿需要对游戏内容、角色分配进行交流和讨论，整个游戏过程中幼儿需要通过协商、轮流扮演角色、分享、合作、交换等社交策略，解决游戏中可能遇到的问题和冲突，以便达成自己的游戏愿望。

最后，角色游戏塑造的良好环境，为幼儿社交行为的发展提供了可能，有利于幼儿社交自主性的发展，提高与同伴交往的频次。

快乐商业街

第一次游戏

游戏目标

1. 熟悉新主题的角色、玩法；

2. 遵守游戏规则，履行自己扮演的角色的职责；

3. 能开展角色间的礼貌对话；

4. 能和同伴开心游戏。

游戏角色

银行职员、厨师、服务员、摄影师、理发师、超市员工等。

游戏过程

1. 介绍新游戏和大致玩法。

2. 讲清楚游戏规则：商业街的小朋友都要礼貌地相互打招呼、问候；能和好朋友开心游戏，有问题商量解决。

3. 开始游戏，老师了解游戏情况，给予指导。

游戏总结

对能遵守游戏规则，和同伴礼貌地打招呼，和同伴开心游戏的幼儿给予贴纸奖励。

如果时间允许，可以请2～3名幼儿介绍在本次游戏中扮演的角色及游戏情况。

第二次游戏

妈妈：我们家孩子有时候在幼儿园会和其他小朋友闹矛盾，怎么办呢？

老师：幼儿同伴交往过程中出现冲突是很正常的现象，学会解决具体的同伴冲突能够让幼儿逐渐从他人的视角看问题，摆脱以自我为中心的想法。

妈妈：怎么样才能让孩子慢慢学会自己解决与小伙伴的冲突呢？

老师：下面就让我们看看如何让幼儿自己学会与小伙伴协商解决冲突吧！

游戏目标

幼儿学会参加同伴游戏；学会协商解决同伴冲突。

游戏过程

1. 游戏导入：小朋友们，你们平时要是很喜欢其他小朋友的玩具，想和他一起玩，我们可以怎么做呢？如果他不太愿意，你们有没有什么好办法呢？有小朋友玩了一会儿游戏，想扮演其他角色，我们可以怎么做呢？我们可不可以采取刚刚讨论的办法，和好朋友商量交换角色呢？

2. 引导幼儿积极讨论，商量解决方案。

3. 肯定幼儿的想法，鼓励幼儿在游戏中运用讨论的办法。

4. 游戏结束，放音乐提醒幼儿收拾玩具。

小贴士：老师可以通过列举解决冲突的办法的例子引导小朋友们讨论。

游戏总结

对采取策略加入同伴游戏、解决同伴冲突的幼儿给予表扬和贴纸奖励。

第三次游戏

游戏目标

幼儿能用石头剪刀布的办法或者其他办法，和同伴协商分配好游戏角色，和同伴一起开心地玩游戏。

游戏过程

1. 游戏导入：老师发现有的小朋友很喜欢扮演小吃店的厨师，不愿意扮演其他角色。如果两个小朋友都想当厨师，该怎么办呢？中班的小朋友长大了，我们要学会和自己的好朋友商量解决问题。大家可以自己商量好吗？如果两个人商量不好，大家有什么办法吗？

2. 引导幼儿积极讨论，商量解决方案。

3. 肯定幼儿的想法，鼓励幼儿尝试游戏："今天能很好地和好朋友一起玩游戏的小朋友，能得到老师给的贴纸奖励。"

4. 游戏结束，放音乐提醒幼儿收拾玩具。

游戏总结

游戏期间幼儿是否能和同伴协商分配好游戏角色，和同伴一起开心地玩游戏，对能和同伴协商的幼儿给予贴纸奖励。

第四次游戏

游戏目标

综合干预幼儿的社会自立—社交行为。

游戏过程

1. 游戏导入：这是小朋友们最后一次玩角色游戏了，老师希望每个小朋友都能珍惜这次玩游戏的机会，可以参加游戏的小朋友都是非常棒的。

2. 引导幼儿积极发言。

3. 肯定幼儿的想法，鼓励幼儿开展游戏："今天能很好地和好朋友一起玩游戏的小朋友，能得到老师给的贴纸奖励。"

4. 游戏结束，放音乐提醒幼儿收拾玩具。

小贴士：老师可以通过回忆之前的游戏，引导小朋友们说出角色游戏的要求。

游戏总结

对在游戏中表现出社会自立—社交行为的幼儿给予表扬和贴纸奖励。

还记得游戏之前的小测试吗？游戏结束后再做一次，比较一下两次测试的得分，记录孩子的进步。

在小悟的《3～6岁儿童自立行为问卷》社会自立—社交行为分问卷前测得分中，家长评分为15分，教师评分为13分，在后测阶段家长评分为16分，教师评分为17分，说明小悟的社会自立—社交行为有所提高[4]。

表3-2 小悟社会自立—社交行为得分

	前 测	后 测	追 踪
家长评分	15	16	13
教师评分	13	17	

在开展角色游戏前，观测到的小悟的社交行为频次平均为16.75次，在开展角色游戏后，观测到的频次平均为22.13次，有了显著增多（见图3-1）[4]。

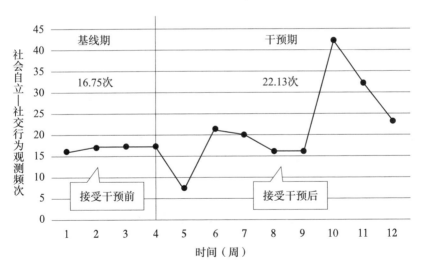

图3-1 社会自立—社交行为观测频次结果

游戏反馈

○ 训练干预社会自立——安全常识的角色游戏

📖 案例导入

5岁的小悟是一名幼儿园的小朋友，他很能干，而且懂的东西非常多，大家都觉得他是幼儿园的小天才。小悟看事情的角度和其他孩子不太一样，当别的小朋友玩小汽车时，他会专注于车子为什么会动。但是，大大咧咧的小悟在安全意识上的表现不那么好，经常做出很多不理智的事情，安全意识较弱，还是个"冒失鬼"，让家长和老师很头疼。

在妈妈、老师的陪伴和引导下开展角色游戏后，小悟在安全意识方面一点一点进步，走在路上还会主动告诉其他小朋友要遵守交通规则，再也不是同学们口中的"冒失鬼"了！在角色游戏进行到最后时，据妈妈说小悟天天出去和小朋友们玩，并且能够照顾好自己，安全意识提高了很多！是什么样的角色游戏有这样的魔力呢，一起往下看吧！

游戏开始之前先做一个小测试

这是《3～6岁儿童自立行为问卷》社会自立—安全常识分问卷，该分问卷共计6个项目，采用5级评分（1代表完全不同，5代表完全相同）。该问卷为他评问卷，由熟悉儿童的成人逐条评定[13]。

表3-3 《3～6岁儿童自立行为问卷》社会自立—安全常识分问卷

	完全相同	大部分相同	一半相同一半不同	大部分不同	完全不同
1. 外出跟大人走散后知道该如何处理（如在商场走失找柜台工作人员帮忙打家人电话）	5	4	3	2	1
2. 过马路时能够按交通标识通行	5	4	3	2	1

	完全 相同	大部分 相同	一半相同 一半不同	大部分 不同	完全 不同
3. 知道在什么情况下拨 打110、119等	5	4	3	2	1
4. 一个人在家时有安全 意识，有人敲门时不 应门	5	4	3	2	1
5. 能独自简单处理一些 小外伤（如擦破皮知 道使用创可贴等）	5	4	3	2	1
6. 能独立完成洗澡过 程，如打肥皂（沐浴 露）、擦洗身体、脱 穿衣服等	5	4	3	2	1

注：请仔细阅读每一条，然后判断题目中所说的内容与孩子的真实情况是否相同。通过问
卷得到的为社会自立—安全常识水平分数，可参考以下标准了解孩子的自立水平。

分数超过24分：棒棒的，希望继续保持。

分数在18～24分之间：正常，希望可以更上一层楼。

分数低于18分：稍低，需要继续努力。

（该标准来自凌辉主持的国家社会科学基金"十三五"规划2019年度教育学一般课题"隔代教养
儿童自立行为发展轨迹及干预研究"，问卷由凌辉团队编制，科学合理，具有良好的信效度。）

　　训练干预社会自立—安全常识的角色游戏包含安全出行和小商场两
个主题游戏，建议每周开展一次游戏，每次游戏时间为30～40分钟。

表3-4　游戏干预时间安排表

游戏名称	游戏次数 （次/周）	建议游戏时长 （分钟）	游戏目标
安全出行（一）	1	30～40	角色游戏是

游戏名称	游戏次数 （次/周）	建议游戏时长 （分钟）	游戏目标
安全出行（二）	1	30～40	幼儿主要的游戏活动类型，属于象征游戏的范畴。 　个体在游戏过程中了解并初步掌握社会规范和社会生活技能，发展自主性，逐渐适应社会生活，同时促进心理发展[6]。
安全出行（三）	1	30～40	
安全出行（四）	1	30～40	
小商场（一）	1	30～40	
小商场（二）	1	30～40	
小商场（三）	1	30～40	
小商场（四）	1	30～40	

安全出行

第一次游戏

游戏目标

1. 遵守搭乘车规则；

2. 在老师的帮助下幼儿选取角色（主人、客人、司机、交警、医生）并开展游戏。

游戏内容

1. 熟悉角色，了解各个角色的本职工作；

2. 出行任务中，排队乘车，不超载；

3. 客人需要乘车到主人家去串门；

4. 交警、医生需要乘车或开车上班。

游戏准备

1. 材料准备：交警服装、斑马线和红绿灯道具、汽车道具、电话道具、外伤处理工具包。

2. 经验准备：有出行经历，了解斑马线和红绿灯的作用，了解交警的基本工作，了解看病的基本流程。

游戏过程

1. 游戏导入：大家都逛过街，对吗？你们一般怎么到学校上学和放学回家呢？爸爸、妈妈如何上下班，使用什么交通工具呢？

2. 讨论游戏玩法：我们上下车需要注意些什么呢？能不能插队呢？车子能不能超载呢？

3. 幼儿尝试游戏：幼儿自由扮演乘客、医生、司机、交警等角色，开始游戏。老师观察幼儿的游戏，并适时给予指导。

4. 游戏结束时提醒幼儿整理角色游戏道具。

小贴士：通过故事、游戏等方式导入可以使孩子对游戏更感兴趣。

游戏总结

引导幼儿回忆游戏过程，加深幼儿对角色的印象，并表扬认真参与角色游戏，遵守搭乘车规则的幼儿。

妈妈：为什么要玩角色游戏呢？

老师：角色游戏能让孩子学习换位思考，这对孩子的想象力、观察力、思维能力和问题解决能力都大有好处。

第二次游戏

游戏目标

遵守交通标识的指示。

游戏过程

1. 游戏导入：大家都有外出的经历，对吗？我们穿过马路的时候需要注意什么呢？司机师傅需要怎么做呢？

2. 引导幼儿积极讨论：交通规则有哪些？哪些是乘客需要遵守的，哪些是司机需要遵守的？

3. 幼儿尝试游戏：幼儿自由扮演乘客、医生、司机、交警等角色，开始游戏。老师观察幼儿的游戏，并适时给予指导。

4. 游戏结束，放音乐提醒幼儿整理角色游戏道具。

游戏总结

对本次游戏中能够遵守交通规则，扮演交警角色并正确指挥交通的小朋友给予糖果或贴纸奖励。

小贴士：可以让小朋友一起分享自己在生活中遵守交通规则的故事。

第三次游戏

游戏目标
学会拨打求助电话。

游戏过程

1. 游戏导入：上次大家一起玩了安全出行的小游戏，大家还记得哪些规则呢？如果违反了这些规则，大家觉得应该怎么办呢？上次游戏过程中，老师看到有的小车撞到了一起，或者撞到了人，这种情况我们不能开车走了，应该如何处理呢？

2. 引导幼儿积极讨论：在出行过程中如果遇到交通事故应该怎么处理？在交通场景中我们如何正确拨打求助电话？

3. 幼儿尝试游戏：幼儿自由扮演乘客、医生、司机、交警等角色，开始游戏。老师观察幼儿的游戏，并适时给予指导。

4. 游戏结束，提醒幼儿整理角色游戏道具。

小贴士：在幼儿做出正确的事情之后，给予适当的奖励可以激励幼儿哦！

游戏总结
对本次游戏中能够正确拨打求助电话处理交通事故，履行交警职责的幼儿给予表扬和贴纸奖励。

第四次游戏

游戏目标

学会处理小伤口。

游戏过程

1. 游戏导入：在出行过程中，如果不遵守交通规则可能会发生什么？如果受伤了要怎么办呢？

2. 引导幼儿积极讨论：生活中有哪些场景可能使人受伤？要如何避免这些场景？我们要如何处理小伤口？

3. 幼儿尝试游戏：幼儿自由扮演乘客、医生、司机、交警等角色，开始游戏。老师观察幼儿的游戏，并适时给予指导。

4. 游戏结束，提醒幼儿整理角色游戏道具。

小贴士：游戏结束后引导幼儿整理收拾道具，养成良好的习惯。

游戏总结

对在游戏中能正确处理交通事故和小伤口的幼儿给予表扬和糖果奖励。

小商场

第一次游戏

游戏目标

幼儿自主协商角色分配。

游戏角色

银行职员、厨师、服务员、摄影师、理发师、超市员工等。

游戏内容

1. 幼儿在教师帮助下熟悉角色游戏的主题，了解各个角色需要做的本职工作；

2. 幼儿自主协商角色分配和轮换，不争抢打闹。

游戏准备

1. 材料准备：角色牌、故事书、厨具与食材、手工材料、玩具等。

2. 经验准备：有逛商场的经历，了解售卖互动过程。

小贴士：讨论可以使小朋友对游戏更感兴趣，印象更深刻。

游戏过程

1. 游戏导入：小朋友们都逛过商场，商场里面有什么？商场里面的人一般都会做什么呢？现在大家即将成为商场的一员，你会选择做什么呢？

2. 幼儿尝试游戏：幼儿自由扮演角色，开始游戏。老师观察幼儿的游戏，并适时给予指导。

游戏总结

引导幼儿回忆游戏的开展过程，对不争抢角色牌、友好协商的小朋友给予表扬和奖励。

第二次游戏

游戏目标

结伴出行。

游戏过程

1. 游戏导入：小朋友们都和家长一起去逛过商场对不对，各个店里的服务员要努力用店内的特色物品来吸引顾客，但是商场里人比较多，家长和小朋友想要购买的物品可能不在一处，这个时候应该怎么办呢?

2. 引导幼儿积极讨论：小朋友们与家长一起外出时应该注意什么? 如果人太多，不小心走散了怎么办?

3. 幼儿尝试游戏：幼儿自由扮演家长、孩子、店员等角色，开始游戏。老师观察幼儿的游戏，并适时给予指导。

游戏总结

对在游戏中能紧跟家长，不单独行动的幼儿给予表扬和贴纸奖励。

第三次游戏

游戏目标

学会主动求助。

游戏过程

1. 游戏导入：商场里有很多好吃的、好玩的，各位店员要坚守自己的工作岗位哦，顾客购买物品也要付款。大家需要遵守商场秩序，但是如果遇到不在岗、忘记付款、小朋友和家长走散等情况要怎么办呢？

2. 引导幼儿积极讨论：以前几次的游戏经历为基础，从店员、顾客的角度思考，逛商场的过程中会遇到哪些状况？自己无法解决时要怎么办？

3. 幼儿尝试游戏：幼儿自由扮演家长、孩子、店员等角色，开始游戏。老师观察幼儿的游戏，并适时给予指导。

4. 游戏结束，提醒幼儿整理角色游戏道具。

小贴士：家长和老师在幼儿做游戏时加以引导，可以使游戏有更好的效果。

游戏总结

引导幼儿回忆游戏过程，对帮助他人的幼儿给予表扬和奖励。

第四次游戏

游戏目标

对幼儿社会自立—安全常识进行综合干预。

游戏过程

1. 游戏导入：这是小朋友们最后一次玩角色游戏了，老师希望每个小朋友都能珍惜这次玩游戏的机会，可以参加游戏的小朋友都是非常棒的。你们还记得老师在前几次角色游戏时说的要求吗？

2. 引导幼儿积极发言：回顾整个角色游戏过程，思考角色游戏的规则。

3. 肯定幼儿的发言，幼儿开始游戏。

4. 游戏结束，提醒幼儿整理角色游戏道具。

游戏总结

对在游戏中表现出社会自立—安全常识行为的幼儿给予表扬和奖励。

爸爸：角色游戏对儿童发展有哪些好处？

老师：首先，通过角色扮演体验和了解成人世界。在角色游戏中，孩子会扮演各种角色，如母亲、医生、消防员、交警等各种社会角色，学习模仿不同情境中的社会行为，理解社会规则。其次，使孩子学会站在他人的角度理解他人的感受，培养同理心。在照顾娃娃的游戏中,孩子会扮演母亲的角色。会站在母亲的角度,去给宝宝换尿布,宝宝病了会带宝宝去看病,在这个过程中孩子学会了共情和换位思考。最后,有助于积累社会经验,锻炼社会能力。孩子在角色游戏中经历的都是社会场景,通过重演,学习与人相处,逐渐强化和提升自己的社会能力,成为一个社会人。

还记得游戏之前的小测试吗?游戏结束后再做一次,比较两次测试的得分,记录孩子的进步。

在小悟的《3～6岁儿童自立行为问卷》社会自立—安全常识分问卷前测得分中,家长评分为14分,教师评分为12分,在后测阶段家长评分和教师评分分别为20分和24分,都有不同程度的提高[11]。

表3-5　小悟社会自立—安全常识得分

	前　　测	后　　测	追　　踪
家长评分	14	20	23
教师评分	12	24	25

小悟在开展角色游戏前,通过访谈得到的家长和教师对他的社会自立—安全常识水平的主观评分分别为5分和4.5分,角色游戏后,家长和教师对他的社会自立—安全常识水平的主观评分均有了显著提高(见图3-2)[11]。

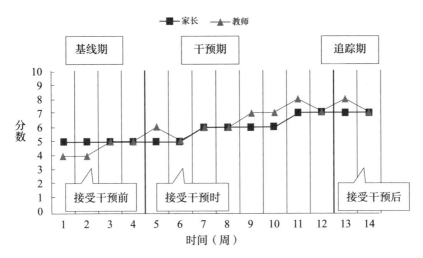

图3-2 社会自立—安全常识主观评分结果

游戏反馈

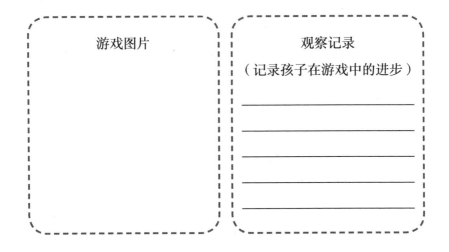

游戏心得

_____

_____

_____

_____

○ 训练干预日常自立的角色游戏

📋 案例导入

7岁的小悟今年上一年级，是一名小学生了，可他在日常生活中还是不太独立，不仅不会叠被子，吃饭还需要母亲喂，自己吃会弄得到处都是。小悟不太会照顾自己，而且很调皮，下雨的时候会突然跑出去玩水，上完体育课出汗脱了衣服就不会再穿上，常常因此而感冒⋯⋯真让人担心呢！

但是，在开展角色游戏后，小悟变得不一样啦！是一个真正的大朋友了！不仅起床后自己穿衣服，被子也叠得整整齐齐，母亲还夸奖小悟会自己吃饭，并且吃得很好、很干净，也会自己照顾自己。最重要的是，小悟会自己作决定了，不再依赖爸爸妈妈，有自己的判断与选择了！有了真正小学生的模样。

是什么样的角色游戏有这样的魔力呢，一起往下看吧！

📋 游戏开始之前先做一个小测试

这是《6～12岁儿童自立行为问卷》日常自立分问卷，该问卷共计9个项目，采用5级评分（1代表完全不同，5代表完全相同）。该问卷为自评问卷[16]。

表3-6 《6～12岁儿童自立行为问卷》日常自立分问卷

	完全相同	大部分相同	一半相同一半不同	大部分不同	完全不同
1. 我觉得父母在生活上对我管得太多了	5	4	3	2	1
2. 我觉得现在我还没有能力处理自己生活中的大部分事情	5	4	3	2	1
3. 我希望父母让我做主处理自己的事情	5	4	3	2	1
4. 我知道一些重要的电话号码（如110、119）的意义及使用方法	5	4	3	2	1
5. 我在基本生活方面（如穿衣、吃饭、清洗等）不需要别人帮助	5	4	3	2	1
6. 我常自己选择或购买学习用品和生活用品	5	4	3	2	1
7. 如果我的房间和个人用品显得很乱，那是因为父母没时间帮我整理	5	4	3	2	1
8. 我有时感冒，因为没有人提醒我多穿点衣服	5	4	3	2	1

续　表

	完全相同	大部分相同	一半相同一半不同	大部分不同	完全不同
9. 如果我的个人用品丢了或坏了，通常是我自己不够爱惜	5	4	3	2	1

注：通过问卷得到的为日常自立分数，可参考以下标准了解孩子的自立水平。

其中，第2、7、8题为反向计分哦（比如第2题得分为5，则计算时用1；得分为4，则计算时用2；得分为2，则计算时用4；得分为1，则计算时用5）。

分数超过36分：棒棒的，希望继续保持。

分数在27～36分之间：正常，希望可以更上一层楼。

分数低于27分：稍低，需要继续努力。

（该标准来自凌辉主持的国家社会科学基金"十三五"规划2019年度教育学一般课题"隔代教养儿童自立行为发展轨迹及干预研究"，问卷由凌辉团队编制，科学合理，具有良好的信效度。）

表3-7　游戏干预时间安排表

时　间	游戏名称	游戏次数（次/周）	建议游戏时长（分钟）
第一周	洗衣店	2	30～40
第二周	小小采购员	2	30～40
第三周	家政小达人	2	30～40
第四周	开学第一天	2	30～40
第五周	保卫小熊	2	30～40
第六周	小小美食家	2	30～40

洗衣店

游戏目标

1. 在没有老师帮助的情况下，和同伴完成店内的工作；

2. 学会洗衣服、晾衣服、叠衣服以及将衣服分门别类整理好；

3. 让儿童在完成游戏的过程中体验到自我效能感并树立自信心，今后学会主动料理自己的衣物，不再将这些事务归结于父母，纠正儿童的错误信念。

游戏内容

洗衣服、晾衣服、叠衣服、分类衣物。

游戏准备

材料准备：桌子、衣架、撑衣杆、大纸箱（干洗机）、各种衣服、号码牌、代币。

游戏过程

顾客排队进入洗衣店，每个顾客带来3件衣服（自愿选择），老板接待顾客并计算洗衣服的钱，在完成衣服的清洗后电话通知顾客来取衣服，并且将衣服整理好交给顾客。儿童自由游戏，教师适当提醒。

老师：我会示范料理衣服的整个过程，小朋友们注意看哦。

小悟：老师，我看得可认真了，我们要怎么开始游戏呀？

老师：我们等下会分配角色，三人一组，分为两组，一组充当洗衣店老板和店员，另一组充当顾客，然后就可以开始游戏啦！

小贴士：教师可以利用情景启发法，提出游戏主题，播放背景音乐。教师也可以作为顾客参与其中。

游戏总结

对能够顺利完成任务的儿童给予奖励，对游戏中无法完成任务或完成欠佳的儿童给予积极的指导。小朋友们可以讨论自己或小伙伴在游戏中做得好和不好的地方。

小小采购员

游戏目标

1. 儿童在家长嘱咐后进店独自选购正确的商品，在要求范围内按照自己的意愿挑选商品；

2. 了解日常生活用品的使用方法和适用范围，学会独立购买商品；

3. 让儿童在今后的生活中学会主动挑选自己需要和喜欢的物品，作好生活的规划和安排，而不是凡事依赖父母。

小贴士：参与游戏干预的教师应参考罗杰斯儿童中心疗法的原则。（1）不附加任何条件地完全接纳儿童；（2）保持温暖友好的关系，营造友好的氛围。

游戏内容

购买学习和生活用品。

游戏准备

1. 购物筐、代币、各种文具和生活用品。

2. 将商品标价并划分为学习用品、生活用品、服装、食品（分区域摆放并用不同颜色的文字标注分类）。

游戏过程

1. 游戏导入：小朋友们，当你们和父母到超市购物时，看到超市里都有些什么呢？有没有小朋友来说一说这些物品都是用来干什么的？

2. 讨论游戏玩法：如果你们要购买东西，应该对导购员说什么呢？导购员又该怎样引导顾客挑选呢？我们的小小收银员又要怎样收银呢？让我们继续做游戏吧！

小贴士：例如，"小红，开学啦，你看看自己还缺什么文具，用的、穿的还需要添置些什么，妈妈给你100块钱，等下去超市看看吧"。（6～7岁的儿童已学习两位数加减法）留给小朋友充足的思考空间和选择空间。

3. 开始游戏：首先，分配导购员、收银员和顾客的角色，老师扮演家长的角色，交代需要购买的东西。其次，进入超市导购员向顾客介绍物品分区，顾客按照家长之前的交代或暗示自行挑选物品，并保证在一定金额内完成采购。再次，采购结束收银员核对物品找回零钱，并对超过金额的采购加以提示，顾客可以返回购买区重新挑选。最后，老师引导学生阐述为什么选择并购买这些物品。对采购中的积极行为加以鼓励，对不适当的行为加以指导。

游戏总结

提升孩子独立购买物品的能力，树立孩子自我决断、自我负责的意识，对适当的行为加以鼓励，对不适当的行为加以引导、纠正。游戏结束后，小朋友们一起讨论自己或别的小朋友做得不足或者很好的地方。

家政小达人

游戏目标

1. 在没有老师帮助的情况下和同伴一起完成清扫整理任务，并且按照自己的意愿摆放房间的物品；

2. 学会扫地、拖地、叠被子以及合理摆放物品，学会整理好自己的东西；

3. 让孩子觉得可以整理好自己的房间，甚至帮家长收拾好整个家，而不是只能靠父母维持家中的整洁和卫生，提高孩子的责任意识和自我效能感。

游戏内容

收拾杂乱的生活用品并将家里打扫干净。

游戏准备

1. 搭建一块类似于家里的区域。

2. 准备被子、餐具、鞋子、衣服、袜子、文具、玩具、纸屑等会出现在家里的日常生活用品或杂物。

3. 将准备的物品随意丢在搭建区域。

小贴士：随意丢物品的过程中注意安全哦，不要伤害到其他小朋友。

游戏过程

1. 游戏导入：老师扮演家长，准备出门，交代孩子们要好好收拾家里，等下有客人要来家里做客。问孩子们有没有信心完成家长交代的任务，和参与游戏的孩子互动并鼓励他们。

2. 开始游戏：孩子们各自安排分工，把物品摆放在合适的位置，被子和衣服叠好整齐地放在柜子里，餐具和厨具收拾整洁摆放在指定位置，地板擦干净准备迎接神秘客人的到来。

游戏总结

对能够顺利完成任务的儿童给予奖励，对无法完成任务或完成欠佳的儿童给予积极的指导。小朋友们可以讨论自己或小伙伴在游戏中做得好和不好的地方。

开学第一天

游戏目标

1. 让儿童有机会作为家长帮助孩子处理生活事务，培养儿童处理日常事务的自主性；

2. 学会独立完成从起床到出门的一系列活动，学会快速叠好被子、穿衣服、穿鞋子、收整书包和文具；

3. 让儿童树立起时间观念，学会抓紧时间，体验到自己动手快速完成任务的成就感，而不是拖拖拉拉，什么都靠老师和家长催。

小贴士：参与游戏的教师应参考罗杰斯儿童中心疗法的原则。（1）在友好的关系中营造宽容的气氛，使儿童能够自由表达他们的内心感受；（2）能够敏感地识别儿童的感受，领悟其行为的意义。

游戏内容

早起出门前的起床、叠被子、穿衣服、穿鞋、洗漱、收拾书包等日常活动。

游戏准备

1. 搭建起一个类似于卧室的区域。

2. 准备好被子、牙刷、洗脸盆、毛巾和书包。

游戏过程

1. 游戏导入：先让小朋友回忆自己平时早上起床都要做些什么，自己平时哪里没做好需要改正（例如不喜欢刷牙、被子叠不好等）。

2. 开始游戏：小朋友自行组合，2人一组，6个小朋友分成3组，每组中一个人当家长，另一个人当孩子。首先，孩子脱掉两件衣服（参照当时的天气选择性脱衣）钻进被子里。其次，老师扮演闹钟，发出早起的信号。最后，孩子起床，在另一个扮演家长的小朋友的协助下完成出门前的工作，每组计时，背上书包表示一轮游戏结束。

小贴士：这个游戏需要脱衣服，如果天冷，老师一定要记得开暖空调哦，不要让小朋友们感冒啦。

游戏总结

对能够顺利完成任务的儿童给予奖励，对无法完成任务或完成欠佳的儿童给予积极的指导。小朋友们可以讨论自己或小伙伴在游戏中做得好和不好的地方。

保卫小熊
游戏目标

1. 让儿童树立保护好自己的物品的意识，独立保护好自己的小熊，防止掠夺，在保护小熊的过程中自主、灵活运用策略以减少掠夺的机会；

2. 锻炼儿童的动作反应能力，提高日常生活中对自己的物品的关注度；

3. 让儿童树立应该保护好自己的物品的意识，以及能够保护好自己的物品的信心。

游戏内容

一方作为掠夺者，一方作为保护者，保护者要想办法保护自己的小熊不被抢走。

游戏准备

搭建三个小塔台用来摆放三个玩具小熊，搭建一个架子用来支撑掠夺者（可以用较高的桌子来代替），塔台和架子摆放的距离调整至6～7岁儿童的臂长范围内。

老师：小朋友们一定要注意安全哦！可以随时找老师帮忙。

游戏过程

1. 游戏导入：小朋友们回忆一下，最近有没有什么喜欢的东西被自己不小心弄坏或者弄丢，在什么情况下弄坏或者弄丢，事后自己的心情怎么样？

2. 开始游戏：游戏共6个小朋友参加，1人担任保护者，其余5人组成掠夺者团队。掠夺者团队轮流开展五轮进攻，保护者要在五轮进攻中尽力保护自己的三个小熊。掠夺者团队进攻前，手必须抓在桌子边上，进攻时手离开桌子，此时保护者可以开始防御，在进攻过程中，只要保护者打到掠夺者的手，则进攻失败，换下一位掠夺者。掠夺者如果抢到保护者的小熊，且没有被保护者打到手，则进攻成功，保护者失去一个小熊。游戏结束后计算每一个保护者保护的小熊。如果小朋友们不清楚可以多重复几遍。

游戏总结

对能够顺利完成任务的儿童给予奖励，对无法完成任务或完成欠佳的儿童给予积极的指导。小朋友们可以讨论自己或小伙伴在游戏中做得好和不好的地方。

小小美食家

游戏目标

1. 让儿童在没有老师帮助的情况下，独立完成菜品制作、餐厅和厨房卫生的清理；

2. 锻炼儿童的精细动作，培养用餐礼仪和卫生习惯，学会收拾餐厅和厨房，锻炼归纳整理物品的能力并学会使用厨房用具；

3. 充分培养儿童对生活的热爱和家庭责任感，树立自己弄乱的地方自己收拾好的意识，改变父母应该替自己收拾的错误信念。

小贴士：参与游戏干预的教师应参考罗杰斯儿童中心疗法的原则。（1）始终尊重儿童，相信只要给儿童机会，他们就会自己解决问题，意识到自己的责任，并会变得自信。（2）追随儿童的节奏和步伐，让儿童有一种作为主人的安全感和自在感。

游戏内容

做美食、吃饭、收拾自己弄乱的厨房和餐厅。

游戏准备

1. 搭建一块活动区域。

2. 准备好橡皮泥、卡纸代替食材，运用大型积木搭建灶台，准备好锅碗瓢盆、仿真塑料刀、铲子、筷子、叉子、勺子、抹布、餐巾纸和扫把等物品。

小贴士：如果没有大型积木，也可以用一张桌子贴上灶台的画来代替！这种方式对游戏条件要求较低，还可以锻炼儿童的观察能力。灶台是什么样的，你们还能想起来吗？一起来回忆一下吧！

游戏过程

老师：小朋友们回忆一下，父母是怎么做饭的，做饭时需要什么东西。自己最喜欢吃什么呢？

共6个小朋友参加游戏，老师扮演客人，打电话给在家里的小朋友说晚上要到家里做客，小朋友开始利用道具准备今天的晚饭。

20分钟过后客人敲门进入，和小朋友一起吃晚饭，吃饭之前每个小朋友都介绍自己做了什么菜。

用餐后，客人和小朋友一起洗碗、收拾厨房，对小朋友的盛情款待表示感谢。

游戏总结

对能够顺利完成任务的儿童给予奖励，对无法完成任务或完成欠佳的儿童给予积极的指导。小朋友可以讨论自己或小伙伴在游戏中做得好和不好的地方。

小贴士：参与游戏干预的教师应参考罗杰斯儿童中心疗法的原则。（1）不催促儿童，不试图加快干预的步伐，应认识到干预是一个循序渐进的过程。（2）建立一定的规则，以避免对其他儿童造成伤害。

还记得游戏之前的小测试吗？游戏结束后再做一次，比较两次测试的得分，记录孩子的进步。

小悟的日常自立问卷得分显示，后测得分比前测得分高出7分，且追踪得分比后测得分高出2分，说明角色游戏的干预提高了小悟的日常自立水平，使其逐渐养成日常自立的良好习惯[12]。

表3-8　小悟日常自立得分

	前　测	后　测	追　踪
得分	27	34	36

　　小悟在接受角色游戏前，观测到的日常自立行为的频次平均为9次，在接受角色游戏后，观测到的日常自立行为的频次平均为17.33次，有了显著增加（见图3-3）[12]。

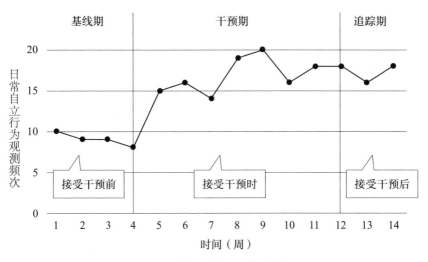

图3-3　日常自立行为观测频次结果

游戏反馈

游戏心得

_____
_____
_____
_____

○ 训练干预课堂学业自立的角色游戏

案例导入

小悟快7岁了，他现在已经是一名小学生了，现在的小悟是老师眼中的好学生呢！上课前小悟能够自觉作好准备，在课堂上不随意说话、站立或下位走动，不玩小东西，对于老师提出的问题，也会积极举手发言。课间遇到老师会主动问好。

但是，上学期小悟在学业方面可有不少烦恼呢。在课堂上不能很好地控制自己的情绪，出现和老师赌气或者挑衅老师的行为。上课时思维较发散且在短时间内无法集中，还经常出现忘带或者带错课本，以及忘带作业和文具等现象。他在自己不感兴趣的课上经常开小差，不认真听课。

那么，到底是什么能让小悟有这么大的进步呢？我们一起去看看吧！

游戏开始之前先做一个小测试

以下是《6～12岁儿童自立行为问卷》学业自立分问卷，该问卷共计20个项目，采用5级评分（1代表完全不同，5代表完全相同）。该问卷为自评问卷，经检验，该问卷信效度俱佳[16]。

表3-9 《6～12岁儿童自立行为问卷》学业自立分问卷

	完全相同	大部分相同	一半相同一半不同	大部分不同	完全不同
1. 我觉得上学没有意思	5	4	3	2	1
2. 如果让我选择，我愿意待在家里而不是去上学	5	4	3	2	1
3. 我相信学校的每一门课都重要	5	4	3	2	1
4. 对我来说，上课是一件开心的事情	5	4	3	2	1
5. 我觉得没有人会真正喜欢上课	5	4	3	2	1
6. 大多数时候，我觉得上课没什么意思	5	4	3	2	1
7. 我经常因为在路上玩耍而上学迟到或晚回家	5	4	3	2	1
8. 如果父母不催我，我很难按时起床上学	5	4	3	2	1
9. 我上课认真听讲	5	4	3	2	1
10. 我上课积极举手发言	5	4	3	2	1

	完全相同	大部分相同	一半相同一半不同	大部分不同	完全不同
11. 我上课有时打瞌睡或想一些别的事情	5	4	3	2	1
12. 我上课常常跟其他人说话或自己玩	5	4	3	2	1
13. 如果父母不提醒,我有时会忘记做作业	5	4	3	2	1
14. 我有时到了早上出门前才想起作业还没完成	5	4	3	2	1
15. 有些同学比我知道的东西更多,因为他们的学习条件比我好	5	4	3	2	1
16. 如果我想在学校里表现好,这么做主要取决于我自己	5	4	3	2	1
17. 如果我没评上优秀学生,那是因为我做得还不够好	5	4	3	2	1
18. 如果我在学校受批评,那是因为老师不喜欢我	5	4	3	2	1
19. 如果我没按时完成作业,那通常是我自己的原因	5	4	3	2	1

续　表

	完全相同	大部分相同	一半相同一半不同	大部分不同	完全不同
20. 我认为不能按时完成作业的人多半是因为自己太贪玩	5	4	3	2	1

注：通过问卷得到的是学业自立分数，学业自立包含学校生活、课堂学习、完成作业、获取信息四个方面。本案例的课堂学业自立属于学业自立的一部分。其中，第1、2、5、6、7、8、11、12、13、14、15、18题为反向计分。家长可参考以下标准了解孩子的总体学业自立水平。

分数超过80分：棒棒的，希望继续保持。

分数在60～80分之间：正常，希望可以更上一层楼。

分数低于60分：稍低，需要继续努力。

训练干预课堂学业自立的角色游戏包含四个主题游戏，每周进行两次游戏，每次游戏时间建议为40分钟。

表3-10　游戏干预时间安排表

游戏内容	干预次数	干　预　目　标
开学日	第1～3次	引导儿童积极参与游戏，熟悉游戏角色和规则，激发学生对动物学校的兴趣。
我是班干部	第4～6次	引导儿童明确班干部的职责，能够积极争取和扮演自己心仪的班干部并积极履行职责，理解学校规则和课堂纪律的重要性。
我爱课堂	第7～12次	引导儿童作好课前准备，坐姿端正，上课期间不随意站立和下位走动。
		引导儿童上课期间不随意和其他小朋友讲话，不摆弄与课堂内容无关的东西。

游戏内容	干预次数	干　预　目　标
我爱课堂	第7～12次	引导儿童上课期间积极举手回答问题，认真听讲、不走神。
示范课	第13～16次	总结前面的干预，指导儿童通过示范课展示良好的课堂行为，鼓励并引导儿童将优秀的课堂表现延伸到现实课堂。

开学日

游戏目标

1. 引导学生积极参与游戏，遵守游戏规则，明确角色职责；

2. 能较形象地模仿教师和家长的语言、行为，反映他们的特点；

3. 激发儿童对动物学校的兴趣和喜爱，对接下来的角色游戏充满期待。

游戏准备

1. 经验准备：开学的那天教师需要做些什么？家长需要做些什么？学生需要做些什么？

2. 环境准备：宽敞的教室、课堂区域、教师办公区域、课间休息区域。

3. 材料准备：动物头饰、铃鼓、课本、素质报告册、假期作业、开学报到登记表、学习用品、小奖品等。

指导要点

第一次指导

1. 建立关系，游戏破冰，用点名游戏来拉近彼此的关系，为更好地开展角色游戏打下基础。

2. 通过谈话引出主题，并向儿童介绍动物学校的学生在学校的基本生活和学习情况，引导儿童讨论。

老师：动物学校开学啦，在动物学校上学的是一群优秀的动物小朋友。你们知道动物学校的老师是怎么上课的吗？小朋友们在课堂上应该遵守哪些课堂纪律呢？良好的课堂表现是怎样的？不良的课堂表现是怎样的？

3. 介绍游戏区域，以及玩具（道具）的领取和使用规则。

4. 提出游戏要求：通过协商或轮流的方法决定要扮演的角色，不哄抢角色。游戏结束后将材料分类收好并整理游戏场地，分享游戏中的感受。

5. 教师与儿童一起游戏并进行角色示范，根据儿童的表现及其特点予以奖励。

小贴士：教师的期望与关注对学生的自信心、独立性和课堂学业表现都有重要作用[14]。

第二次指导

1. 回顾上一次游戏的内容，复习游戏规则和要求。

2. 导入游戏内容。

老师：父母满怀期望将我们送到学校，我们即将和老师一起展开新学期的旅程，一起在学校学习和成长。那么，请大家想一想，开学的那天老师需要做些什么？家长需要做些什么？学生需要做些什么？

3. 示范开学报到的情景：请儿童分别扮演家长、学生和老师，重点指导儿童的行为和语言，以符合所扮演的角色的特点，学生和家长应该表现出对老师的尊重，老师应该表现出对学生的关爱。

4. 儿童开展游戏，引导儿童拓展游戏内容。

5. 游戏结束后组织儿童认真、快速地收拾好游戏玩具。

6. 评价儿童的游戏情况并给予鼓励。

第三次指导

1. 通过回忆和总结上一次游戏引出本次游戏的内容，鼓励儿童不断丰富游戏情节。

2. 思考并协商分配角色。

小悟：大家想扮演什么角色？

小方：大家会说些什么？

小明：大家会做些什么？

3. 儿童开始游戏，老师在一旁观察指导。

4. 讨论分享："你扮演什么角色？""你的感受是什么？""新学期开始时你对学校生活有哪些新的期待？"

小然：我扮演老师，当老师可真不容易呢！新学期我希望能交到很多好朋友。

5. 老师指导儿童收拾好游戏场地，归类游戏物品，儿童互相讨论分享游戏感受，老师评价儿童的游戏情况。

我是班干部

游戏目标

1. 引导学生积极参与游戏，学习扮演角色，使用礼貌用语交流，熟悉课堂流程。

2. 了解班级中主要班干部的职责，如班长、副班长、学习委员、纪律委员。

3. 强调游戏规则：不哄抢角色，能够通过协商的方式或在老师的帮助下完成角色分配；爱惜动物头饰，不用力摆弄，不乱丢乱扔；游戏结束时，应主动将玩具收拾好，放回原处。

4. 促进儿童以身作则，初步理解学校规则和课堂纪律的重要性。

游戏准备

1. 经验准备：班长、副班长、学习委员、纪律委员等班干部的职责是什么？班干部和老师是什么关系？成为班干部需要满足什么要求？

2. 环境准备：宽敞的教室、课堂区域、教师办公区域、课间休息区域。

3. 材料准备：动物头饰、铃鼓、课本、学习用品、小奖品等。

指导要点

第一次指导

1. 回顾总结上一次游戏，引出新的游戏内容。

2. 通过谈话引出游戏内容，引导儿童讨论。

老师：大家心目中的班干部是什么样的？班长、副班长、学习委员、纪律委员等班干部的职责是什么？怎么样才能当上班干部呢？

3. 启发儿童通过竞选、自荐等方式成为班干部，明确各班干部的职责。

4. 儿童开展游戏，老师观察和指导儿童，启发并协调儿童通过竞选、自荐等方式成为班干部。重点指导班干部的课堂表现及其领导示范作用。

5. 老师指导儿童收拾好游戏场地，归类好游戏物品，儿童互相讨论并分享游戏感受，老师评价儿童的游戏情况。

小贴士：班杜拉（Albert Bandura）认为，儿童不仅仅通过个人经历来学习，观察其他人从而获得技能也是一种重要的学习方式[15]。因此，同学们要向身边的优秀榜样看齐哦。

第二次和第三次指导

1. 谈话导入：小悟，你觉得一个班的班干部通常由什么样的学生来当呢？在动物学校，如果让你来当自己心仪的班干部，你觉得应该怎么表现呢？

2. 儿童自主游戏，老师观察并指导儿童丰富游戏情节。

3. 老师指导儿童收拾好游戏场地，归类好游戏物品，儿童互相讨论并分享游戏感受，老师评价儿童的游戏情况。如：今天谁当了自己心仪的班干部呢？你对自己今天在游戏中的表现满意吗？你满意今天学生的表现吗？

我爱课堂

游戏目标

1. 引导学生作好课前准备，上课期间不随意站立和下位走动；

2. 引导学生上课期间不随意与其他小朋友讲话，不摆弄与课堂内容无关的东西；

3. 引导学生上课期间认真听讲、不开小差，积极举手回答问题。

游戏准备

1. 经验准备：课堂规则是什么？

2. 环境准备：宽敞的教室、课堂区域、教师办公区域、课间休息区域。

3. 材料准备：动物头饰、铃鼓、课本、教学用具、贴纸、学习用品、小奖品等。

指导要点

第一次和第二次指导

1. 通过谈话回忆并总结上一次游戏，引出新主题并指导儿童讨论：上课铃响了要做什么？上课时坐姿是什么样的？课堂上能不能随意离开座位？

2. 带领学生练习课堂规则：上课铃响后，学生要拿出课本和文具，坐端正等待老师，老师进教室之后观察学生有没有作好课前准备；值日生声音洪亮地喊起立之后，同学们应该迅速且整齐地站起来问候老师；课堂上认真听讲，下课之前应注意什么……

3. 老师观察并指导儿童通过协商、制定轮流扮演角色计划等方式自主分配角色，开展游戏。

4. 班长和老师组织讨论与分享：良好的课前准备与不良的课前准备对课堂有什么影响？当老师看到有同学在课上随意站立和下位走动时会有什么感受？

5. 老师指导儿童收拾好游戏场地，归类好游戏物品，儿童互相讨论并分享游戏感受，老师评价儿童的游戏情况。

第三次和第四次指导

1. 通过谈话引出主题，引导学生讨论：上课期间有一些小朋友交头接耳不认真听讲，还有一些小朋友虽然不跟其他小朋友讲话，但是自己玩橡皮、尺子等与课堂内容无关的小东西。你们觉得这样做对不对呢？你们认为上课期间应该怎么做呢？

2. 肯定儿童的回答，鼓励儿童在游戏中遵守课堂纪律，不交头接耳，不摆弄与课堂内容无关的东西。

3. 儿童通过协商分配角色开展游戏，老师观察、指导并在游戏过程中强化之前练习过的课堂纪律。

4. 结束游戏，老师指导儿童收拾好游戏场地，与儿童交流游戏情况。

5. 对本次游戏中表现良好的儿童予以表扬和奖励。

第五次和第六次指导

1. 通过谈话引导儿童讨论上课时老师和学生分别要做什么，进而引出主题——上课应该积极举手发言。

2. 引导儿童积极讨论，肯定儿童的回答，鼓励儿童在游戏中积极举手回答问题。

3. 协商分配角色，开展角色游戏，老师观察、指导并在游戏过程中强化之前练习过的课堂纪律。

4. 老师指导儿童收拾好游戏场地，归类好游戏物品，儿童互相讨论并分享游戏感受，老师评价儿童的游戏情况。

小贴士：什么是课堂学业自立呢？课堂学业自立是学业自立的一个方面，主要聚焦于儿童在课堂上的一系列行为表现。

老师：老师对学生今天课堂表现的感受是什么？学生回答问题和讲话之前要做什么？老师提问时，学生应该怎么做？

小悟：要把手举高。

小然：大家表现得很好。

示范课

游戏目标

1. 指导学生通过示范课展示良好的课堂行为，鼓励并引导学生将优秀的课堂表现延伸到现实课堂；

2. 总结游戏，鼓励儿童进步，对表现良好的儿童予以表扬和奖励。

游戏准备

1. 经验准备：示范课是什么？示范课上学生和老师应该如何表现？

2. 环境准备：宽敞的教室、课堂区域、教师办公区域、课间休息区域。

3. 材料准备：动物头饰、铃鼓、课本、教学用具、贴纸、学习用品、小奖品等。

指导要点

第一次和第二次指导

1. 通过优秀示范课视频向儿童展示示范课，将课堂学业自立行为与示范课的要求相结合。

2. 指导儿童分配角色，自主开展游戏，在游戏过程中强化课堂学业自立行为。

3. 老师指导儿童收拾好游戏场地，归类好游戏物品，儿童互相讨论并分享游戏感受，老师评价儿童的游戏情况。

老师：老师对学生今天课堂表现的感受是什么？动物学校的师生们成功展示了示范课吗？还有哪些需要改进的地方？

小然：大家积极配合，表现超棒！但是，我觉得我们对许多课堂纪律还不够了解。

第三次和第四次指导

1. 引导儿童丰富游戏情节：示范课之前老师和学生需要作哪些准备？示范课之后老师和学生要如何反思与提高？

2. 指导儿童合理分配角色，自主开展游戏，老师观察、指导，注意角色游戏过程中强化前几次游戏的目标。

3. 游戏结束，整理游戏材料。

4. 老师与儿童交流游戏情况，引导儿童分享自己的感受和收获。

5. 总结儿童的课堂表现，对儿童给予表扬和奖励。

6. 鼓励儿童在平时的课堂上也应该严格要求自己，自立、自强、自信地成长。

小贴士：角色游戏对学龄初期儿童课堂学业自立的培养有什么价值？角色游戏可以促进学龄初期儿童的幼小衔接和学习适应，促进儿童的认知发展，丰富儿童的积极情绪和情感体验，促进儿童社会性发展。

还记得游戏之前的小测试吗？游戏结束后再做一次，比较两次测试的得分，记录孩子的进步。

小悟的课堂学业自立问卷得分显示，后测得分比前测得分高出10分，且追踪测试得分比后测得分高出3分，说明角色游戏干预提高了小悟的课堂学业自立水平，使其逐渐养成课堂学业自立的良好习惯[10]。

表3-11　小悟课堂学业自立得分

	前　测	后　测	追　踪
得分	29	39	42

接受角色游戏干预后，小悟在课堂上的五种自立行为出现的次数明显处于上升趋势，且在角色游戏干预结束之后的追踪期内依然得以保持。说明角色游戏有效增加了小悟课堂学业自立行为的次数，使小悟的课堂学业自立水平有了明显提高，具体见图3-4[10]。

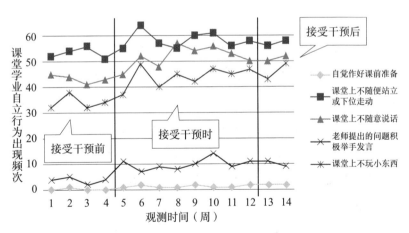

图3-4　小悟课堂学业自立行为观测频次结果

游戏反馈

游戏图片	观察记录 （记录孩子在游戏中的进步）
	_____
	_____
	_____
	_____
	_____

游戏心得

成长足迹

1. 完成一个游戏，孩子可以获得相应的勋章贴纸。

2. 完成一组游戏，家长需要满足孩子的心愿。

本章注释

［1］黄人颂.学前教育学［M］.北京：人民教育出版社，1989.

［2］李婷，卢清.角色游戏：提升幼儿社会性发展价值的重要途径［J］.教育导刊（下半月），2013（9）：23.

［3］刘梅.儿童发展心理学［M］.北京：清华大学出版社，2010.

［4］皮丹丹.角色游戏对中班幼儿社会自立养成的实验研究［D］.长沙：湖南师范大学，2019.

［5］丁海东.学前游戏论［M］.济南：山东人民出版社，2001：59-60，93.

［6］戴雪芳.角色游戏与幼儿社会性发展例谈［J］.教育导刊（下半月），2011（6）：17-20.

［7］Berk, L. E., Winsler, A. Scaffolding children's learning: Vygotsky and early childhood education［M］. Washington: National Association for the Education of Young Children, 1995.

［8］邵静云.角色理论视角下高职院校新进教师适应问题［J］.科教导刊，2018（10）：58-59.

［9］田俊杰.儿童职业体验对学前儿童社会性发展的影响［J］.科技风，2020（1）：246.

［10］凌辉，张建人，钟妮，阳子光，易艳.3 ～ 6岁儿童自立行为结构的初步研究［J］.中国临床心理学杂志，2014，22（6）：1037-1041，1132.

［11］林红.角色游戏对中班幼儿社会自立—安全常识养成的实验研究［D］.长沙：湖南师范大学，2020.

［12］马文洁.角色游戏对学龄初期儿童日常自立行为养成的个案研究［D］.长沙：湖南师范大学，2018.

［13］盛向超.角色游戏对学龄初期儿童课堂学业自立养成的个案研究［D］.长沙：湖南师范大学，2020.

［14］秦喆，陈家麟.对学龄初期儿童游戏的心理学再认识［J］.苏州教育学院学报，2008（3）：119-121.

［15］张静.学前儿童结构游戏指导策略的探析［J］.牡丹江教育学院学报，2019（11）：79-80.

［16］凌辉，黄希庭.6至12岁儿童自立发展特点的研究［J］.心理科学，2009，32（6）：1359-1362.

第四章　自我录像示范

导读

　　自我录像示范，是指研究对象通过观察录像中自己成功展现出的正确行为来学习目标行为。它的示范者是研究对象自己。通过自我录像示范，儿童产生模仿，从而提高行为表现能力[1]。家长或教师可以拍摄孩子表现出的良好行为，并让孩子观看学习，以此改善孩子的不良行为与习惯。

　　本章讲述老师用自我录像示范的方法帮助小悟改掉课堂上的坏习惯的故事，介绍了自我录像示范的目的、优势和具体操作方法等，希望能给各位读者带来一些参考和启发。下面，让我们一起看看小悟的故事吧！

案例导入

　　每当上课的时候，小悟总是注意力不集中，容易被教室外面的事物干扰。只要窗外有声音，小悟马上会朝着外面看很久。课堂上老师讲授生字词的时候，小悟也只顾玩自己的东西。老师讲这一课的内容，他却一页一页乱翻书本。课堂上不能控制自己，时不时站立或者把一只脚放在凳子上，老师布置的作业也不能独立完成，每次考试都是班里倒数，这可愁坏了老师和家长。

3个多月后，小悟竟然会认真作好准备去上课，蹲在座位上和玩小东西的次数也变少了，举手回答问题的次数变多了。数学老师说小悟课堂上的表现变好了。以前和同学经常闹矛盾，现在也交到几个好朋友，感觉整个人都开朗了。

为什么小悟有了这样翻天覆地的变化呢？原来是老师用到一种新技能来帮助小悟上课主动认真学习，人们称这种新技能为自我录像示范。小悟并不总是不认真听讲，因此老师会用相机去捕捉小悟上课积极的片段（如果有些好的行为捕捉不到，老师就会通过引导和教育让小悟学会该行为，再进行拍摄），制作成录像，然后每周固定时间给小悟观看，以便模仿学习。

妈妈：老师，为什么自我录像示范有这个神奇的功效呀？

老师：首先，选择与个体注意力相关的刺激来录制录像，去除无关的视觉和听觉刺激，促进儿童更多地关注需要学习的行为，而不是干预过程中的人和事物，这样可以提升儿童的注意力。其次，不断重复播放录像并创设与目标行为一致的情境，有利于个体更好地记住和保持该行为。再次，研究结果表明，在观看录像后，立即创设与录像一致的情境或者仅提供与录像一致的物品，个体便会表现出录像中的行为，儿童可以在潜移默化中养成良好的课堂学习习惯。最后，儿童通常比较喜爱录像，录像示范的学习压力相对较小，儿童更容易接受，也有更大的热情。

操作过程

接下来让我们看看老师如何进行自我录像示范。

○ 准备阶段

主要任务

确定问题行为，录制示范录像（第1～4周）。

要做的事

1. 通过测试了解儿童的基本情况及表现。

2. 发现并确定儿童需要改善的某种不良行为（比如上课容易走神、玩小东西）。

3. 选择和准备所需的设备。

4. 制定录像计划。

5. 录制并编辑录像。

材料准备

1. 选取DV、iPad或手机等任一种录制设备；

2. 采用电视、电脑或DVD播放器等任一种播放设备；

3. 采用U盘、移动硬盘或DVD光盘等存储设备；

4. 其他：三脚架、玩具、图片等提示材料（玩具用来吸引儿童的注意力，提示材料用来告诉儿童应该怎么做）。

老师这样做

首先，为了了解小悟的课堂学习表现，老师先让小悟完成一个小测试，小悟的测试成绩是27分。

小悟完成测试后，老师接下来要做什么呢？根据小悟的问题行为，老师特意拍摄了小悟在课堂上表现良好的六个片段，分别是课前作好准备，端正自己的坐姿，积极举手回答问题，站起来读课文，认真听课做笔记，不玩小东西。为保证录像更具完整性、故事性和逻辑性，老师还剪辑了录像，添加了转场、字幕和旁白，最终得到小悟的自我示范录像，时间为1分36秒。

录像剪辑注意事项：在用相机录像后，使用剪辑软件进一步处理录像，具体包括剪掉与干预目标无关的行为；去掉原本的背景音，增加适当的标题和愉快的音乐；突出和强调需要儿童重点学习的行为，同一片段连续呈现两遍或者放慢播放速度。剪辑好后，将其汇总输出为新的录像，一份自我示范录像的时间长度为1～2分钟。

○ 行动阶段

主要任务

定期观看录像，养成良好习惯（第5～12周）。

要做的事

1. 确定每周的干预内容，制定干预计划表。

2. 根据不同的干预内容，每周按一定的频率给儿童观看录制好的录像。

小贴士：自我录像示范的原理源于班杜拉的观察学习理论。儿童不仅仅通过个人经历来学习，观察其他人以获得技能也是一种重要的学习方式[2]。自我录像示范是让儿童观看自己在录像中展现出的正确的示范行为（如端正坐姿、认真听课等行为），产生模仿，从而提高在这一行为上的表现能力。

老师这样做

老师根据小悟的问题制定了干预计划表（见表4-1）。

表4-1　干预计划表

干预时间	干预主题
第5周	自觉作好课前准备
第6周	积极举手回答问题
第7周	积极举手回答问题
第8周	上课不玩其他小东西
第9周	上课不玩其他小东西
第10周	上课不随意站立或离开座位
第11周	上课不随意和其他同学说话
第12周	综合干预（能够自觉遵守课堂纪律，有整体优秀的课堂表现）

注：表格引自凌辉教授研究团队陈兰（2020）的研究"自我录像示范对学龄初期儿童课堂学业自立养成的个案研究"[3]。

每周二和周四的下午，老师会在教室里给小悟一边播放录像，一边讲解录像内容，确保小悟集中注意力。播放完录像之后，老师会立即采用角色扮演的方式，让小悟不断练习巩固目标行为。如果小悟做得比较好，老师会及时给予奖励。

本周二老师的干预目标是，小悟课堂上不玩其他小东西。老师告诉小悟，此次学习的内容是课堂上不玩其他小东西，接着让小悟说一遍，然后给小悟播放自我示范录像。播放录像以后，老师用温和的语气对小悟进行提问（参考以下问题逐一提问），小悟可以通过多次观看录像获得答案。

老师：这是在上什么课呢？你在干什么呢？老师让大家干什么呢？你认真听老师话了吗？你是怎么做的呢？老师有没有表扬你呢？你认为自己的表现怎么样呢？

当小悟熟悉自我示范录像后，老师组织角色扮演，自己扮演上课的老师，小悟则扮演在课堂上认真听讲，不玩其他小东西的学生。小悟积极扮演，老师则给予小悟最喜欢的香蕉作为奖励。

当然，有时候小悟也会出现一些小状况……

妈妈：老师，小悟在看录像的时候注意力不集中该怎么办？

老师：我们可以先暂停播放录像，介入辅助，辅助可以通过语言提示（如"小悟请注意看录像"）、动作辅助（如用手指指向录像）等方式。必要时使用零食或玩具等来强化。

妈妈：老师，小悟不能理解录像的内容该怎么办？

老师：可以边播放边适当讲解录像内容，比如：这是什么时候？录像里面都有谁？大家在做什么？你在干什么？你做了什么事情？事情的结果是什么？你的表现很好！

录像播放注意事项：（1）每次播放次数在两遍以上。第一遍可以慢一些，配合讲解；第二遍可以快一些，尽量比较连贯地播放。（2）播放录像的时候可以有语言提示和要求，但播放者不要特意向孩子做出录像里面的动作。（3）确保孩子理解内容，边播放边适当讲解录像内容。（4）确保孩子集中注意力。（5）如果孩子情绪不稳定，请在孩子情绪稳定后再观看。（6）选择固定的时间和地点观看录像。

○ 追踪阶段

主要任务

干预后测与追踪观察（第13～14周）。

要做的事

1. 观察孩子行为的进步情况，决定是否需要调整播放内容和次数。

2. 进步缓慢则寻找原因，针对具体原因解决问题（参考录像播放注意事项）：播放的频率是否适当；播放的环境是否适当；录像的时长是否适当；录像呈现的目标行为的步骤是否过多。

老师这样做

干预结束后，老师追踪观察小悟的课堂学业自立行为，记录小悟课堂学业自立行为出现的频次，并让小悟再一次完成测试。

结果发现，小悟的测试得分从27分提高到40分，课堂表现有了明显进步，上课不再随意站立，不玩其他小东西，能够主动完成学习任务，坐姿也比以前端正了许多。老师夸奖道：小悟同学进步真的很大！

小贴士：老师主要记录小悟的五种具体的课堂学业自立表现：作好课前准备、不随意站立、不随意说话、举手回答问题、不玩小东西。根据老师记录的行为频次表可以看到，这些积极行为在干预期和追踪期出现的频次均高于基线期，说明干预起到良好效果。在追踪期效果得到很好的保持，说明小悟已较好地养成良好的课堂行为习惯。

小悟的课堂学业自立后测得分为35分，高于前测得分8分，追踪期测量分数比后测高出5分，说明自我录像示范干预提高了小悟的课堂学业自立水平（见表4-2）。

表4-2　小悟课堂学业自立得分

	前　测	后　测	追　踪
得分	27	35	40

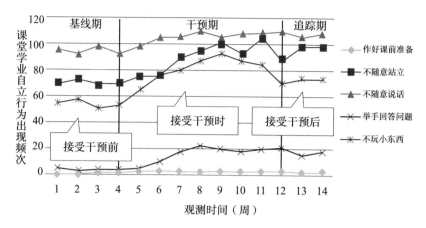

图4-1 小悟课堂学业自立行为观测频次结果

注：数据引自凌辉教授研究团队陈兰（2020）的研究"自我录像示范对学龄初期儿童课堂学业自立养成的个案研究"[3]。

知识拓展

妈妈：自我录像示范在学业自立方面的目标是什么？

老师：让儿童的课堂表现变得更好，主要包括让儿童养成上课不跟别的同学说话、不随意离开座位、课堂上不玩小东西、举手回答问题的良好行为习惯；让师生在课堂上得到更好的情感交流，加强互动，让学生积极参与课堂活动[3]。提高儿童的自我效能感，增加教师对儿童的积极评价，最终让儿童把在录像中学习到的课堂学业自立行为迁移到实际课堂中[3]。

妈妈：自我录像示范还可以应用到其他方面吗？

老师：除了应用于学业自立，自我录像示范还可以应用于干预孤独症学生的问题行为，包括改善攻击性语言和行为，改善社会交往，减少发脾气，培养社交能力，提高学业技能，养成良好的学习习惯等方面[4-7]。

成长足迹

在正式干预的8周里，每达成一周的干预目标，就可以从小框里拿出一张小猴子贴纸，按照自下往上的顺序贴上贴纸。让我们早日攀登到高峰哦！

让我们来记录一下孩子的改变吧！

干预前
孩子的行为

_____

_____

_____

_____

干预后
孩子的行为

_____

_____

_____

_____

孩子的感受

_____

_____

_____

_____

你的感受

_____

_____

_____

_____

本章注释

［1］黄倩. 录像示范教学法提升自闭症青少年工作技能与工作态度的成效研究——以烘焙为例［D］. 重庆：重庆师范大学，2019.

［2］Bandura, A. Social learning theory［M］. Englewood Cliffs, NJ: Prentice-Hall, 1977.

［3］陈兰. 自我录像示范对学龄初期儿童课堂学业自立养成的个案研究［D］. 长沙：湖南师范大学，2020.

[4] McCoy, K., Hermansen, E. Video modeling for individuals with autism: A review of model types and effects [J] . Journal of the Education and Treatment of Children, 2007, 30: 183−213.

[5] Buggey, T. Effectiveness of video self-modeling to promote social initiations by 3-year-olds with autism spectrum disorders [J] . Focus on Autism and Other Developmental Disabilities, 2005, 27(2): 102−110.

[6] Litras, S., Moore, D. W., Anderson, A. Using video self-modelled social stories to teach social skills to a young child with autism [J] . Autism Research and Treatment, 2010, 9(3): 112−121.

[7] Hitchcock, C. H., Dowrick, P. W., Prater, M. A. Video self-modeling intervention in school based settings [J] . Remedial and Special Education, 2003, 24(1): 36−45.

第五章 行 为 契 约

行为契约是指使用具体的、书面的协定，把想要改变的行为和想要养成的习惯做成契约条款，完成即可获得奖励，失败则受到相应惩罚的行为矫正方法。它在矫正不良行为，养成良好行为习惯上起到重要作用，是心理辅导工作者、教师以及家长干预青少年问题行为的一种有效方法[1]。除了应用于教师与学生之间，还可以应用于家长与孩子之间。

家庭行为契约

案例导入

小悟是小学三年级的学生，妈妈表示小悟的课后学业拖延问题十分严重，表现为以下三点：

第一，时间观念不强，没有自我规划时间和制定计划的意识。小悟不会根据每天作业的多少合理安排时间和想到什么做什么，作业量较大时也不会想到要抓紧一点，导致作业没有做完。

第二，自觉性不高，经常需要监督提醒，注意力不集中。回家后30～40分钟，不能主动做作业，直到有人提醒才会开始做作业，注意力难以集中，经常会被桌上的玩具、门外的声音吸引。

第三，有明显的厌恶任务后移的表现。对于不喜欢的学科和学习任务会尽量推后，例如英语作业。延后的任务最后会因时间不够或者精力下降而敷衍了事。

针对小悟的以上表现，研究者采用《学业拖延量表（学生版）》以及《韦氏儿童智力量表二分测验简版》测量小悟的学业自立水平，结果发现，小悟属于智力正常人群，但同时也是重度学业拖延者[2]。经过行为契约干预，小悟的问题得到明显改善，让我们一起来看看小悟的基本情况吧！

个 人 档 案

姓名：小悟

性别：女

年龄：8岁

家庭成员：妈妈、爸爸、姐姐、弟弟

个人爱好：吃小零食，玩编织类的玩具，看视频

问题诊断：第一，时间观念不强。第二，自觉性不高，注意力经常不集中。第三，有明显的厌恶任务后移的表现。

干预结果：经过行为契约干预，小悟的课后学业拖延问题明显改善，回到家会优先完成作业，及时订正，写作业时注意力更加集中，字迹工整，坐姿端正。

○ 干预方案

妈妈：老师，最近小悟的学习成绩又下降了。我是幼儿园老师，平时很忙，几乎没有时间守在她身边监督她写作业。最近，我抽出一些时间陪她做作业，发现她学习上存在很多问题，尤其喜欢拖延，注意力很不集中。我在家里也经常批评和提醒她，想了很多办法都没有用，实在没有办法了，请问老师我应该怎么做呢？

说明：自古以来，自立就被大量学者视为一种重要的人格特征或道德品质，是健全人格的重要方面。学业自立是自立的重要层面，反映了个体在学业方面的特质。

老师：我以前的学生也出现过类似于小悟的这种情况，我想我们可以采用制定行为契约的方法改善小悟的行为。由于小悟完成作业拖延的情况发生在家中，因此我建议制定一个家庭契约。

说明：行为契约分为课堂契约和家庭契约两种类型，在这里家庭契约更为适用，能够让孩子学会自我约束、遵守规则。

妈妈：老师，请问用家庭契约的方法改善小悟的行为，具体应该怎么操作呢？

老师：行为契约的制定可以从确立目标行为、测量目标行为、选择奖励和惩罚、确定契约的实施时间、确定契约的实施者这五个方面着手。在制定行为契约的过程中，我们也要根据小悟的行为特点、兴趣爱好等让行为契约更有针对性。

　　说明：行为契约的制定分为五个方面，在制定行为契约的过程中，为了确保行为契约具有针对性和有效性，要充分考虑孩子的行为特点和兴趣爱好。制定行为契约之前，家长要对孩子进行为期一周的观察，等孩子的行为基本稳定后，再开始制定行为契约。

　　下面我们根据这五个方面的内容，结合小悟的基本情况，来制定针对小悟的行为契约吧！

第一步　确立目标行为

　　具体实施：小悟的不良行为主要有时间观念不强，自觉性不高，喜欢把厌恶的任务拖延到后面才做，我们可以根据这些确定目标行为。之前和小悟的谈话表明，小悟也想改掉这些坏习惯。因此，我们规定放学到家30分钟内开始做作业，每天做作业之前清理桌子，桌上不能看到玩具和零食，做作业之前主动向母亲报告自己今天的计划并按时完成计划。

　　分析：契约中的目标行为必须是可量化的、明确的行为。在本案例中，目标行为是家长和孩子都希望习得的行为，通过家长观察、教师访谈，以及与孩子本人讨论商量后确定合理的目标行为。为了保证目标行为的有效性，每周结束后会根据本周干预情况调整目标行为。

第二步　测量目标行为

具体实施：之前确定的目标行为都是小悟放学回家后的行为，这些行为比较明确，方便观察和记录，因此由小悟的母亲在家中观察并记录。

分析：奖励和惩罚非常重要。如果孩子的目标行为出现，则给予奖励以强化目标行为。如果非目标行为出现，则施加惩罚以削弱这一行为。

第三步　选择奖励和惩罚

具体实施：奖励和惩罚由母亲与小悟协商之后确定。小悟列出一份自己想要的礼物清单，奖励可以是小悟喜欢的礼物，希望能投其所好。考虑到小悟之前就有玩手机的习惯，并且手机对她的吸引力很大，如果直接要求她不玩手机很难做到，不如将手机作为奖励和惩罚的手段，以促进小悟遵守契约。

分析：选择奖励和惩罚是行为契约中最重要的环节。如果孩子的目标行为出现，则给予奖励以强化目标行为。如果非目标行为出现，则施加惩罚以削弱这一行为。为了保证奖励和惩罚的有效性，奖励本着投其所好的原则，根据孩子的喜好设置不同的奖励，并随时调整奖励，惩罚应该秉持尊重性、教育性原则设置。奖励和惩罚的实施应当具有即时性。

第四步　确定契约的实施时间

具体实施：每周一到周五晚上，小悟都需要在家完成老师布置的任务。契约一周签订一次，每份契约的起始时间为周一，终止时间为周五。每周结束之后，妈妈总结小悟的表现，并确定下一阶段的行为契约。

分析：为了保证行为契约实施的有效性，必须按照孩子的实际情况来确定契约的起始和终止时间。每一阶段的行为契约结束之后，都需要总结和改进，并且确定下一阶段的行为契约。

第五步　确定契约的实施者

具体实施：家庭契约规定的目标行为一般都在家庭中出现，因此妈妈比老师更方便充当契约的实施者。

分析：契约的实施者需要观察和记录孩子的目标行为，并且根据完成情况提醒孩子，即时给予奖励和惩罚。

老师：以上就是制定行为契约的具体步骤！和小悟协商之后，如果没有问题，下周就可以实施了。在这个过程中，妈妈要注意每周行为契约结束之后都要总结，根据实际情况调整下一步的行为契约。

○ 操作过程

经过老师的讲解，妈妈已经对家庭契约有了比较科学、清晰的认识。经过讨论和协商，妈妈与小悟签订了为期一个月的行为契约。

第一周契约之旅

订立行为契约

行 为 契 约

我承诺，在接下来的一周内完成以下三个任务：

1. 放学到家30分钟之内开始做作业。

2. 每天开始做作业之前清理桌子，桌上不能看到玩具和零食。

3. 开始做作业之前，主动跟母亲说自己今天计划完成的学习任务，并按时完成。

奖励：

1. 每天以上三个任务都完成，睡前可以玩半小时手机。

2. 周一到周五有三天以上完成任务，可获得中性笔两支。

惩罚：

如果当天有两个以上任务未完成，则取消睡前玩手机。

承诺人：小悟

见证人：妈妈

评价

目标行为较为合理，在孩子能够完成的范围之内；目标行为较具体，可量化评估。

要做到物质奖励与精神奖励并用。精神奖励不能过于频繁，表扬过于频繁容易使孩子失去兴趣；玩手机的物质奖励不属于即时奖励。

（注：玩手机可以换成其他类型的奖励，需投其所好）

打卡记录

根据每天行为契约的完成情况，孩子可以获得几颗星星？来打卡记录孩子的成长吧！

日期	第一天	第二天	第三天	第四天	第五天
完成情况					
打星评价	☆ ☆ ☆ ☆ ☆ ☆	☆ ☆ ☆ ☆ ☆ ☆	☆ ☆ ☆ ☆ ☆ ☆	☆ ☆ ☆ ☆ ☆ ☆	☆ ☆ ☆ ☆ ☆ ☆

使用规则：

（1）由你来评定孩子今天的星星数量，孩子每天如实记录在表格中。

（2）如果你的孩子在一天内完成所有任务，则用喜欢的颜色点亮六颗小星星！

（3）如果你的孩子在一天内完成80%的任务，则用喜欢的颜色点亮五颗小星星！

（4）如果你的孩子在一天内完成60%的任务，则用喜欢的颜色点亮四颗小星星！

（5）如果你的孩子在一天内完成一半任务，则用喜欢的颜色点亮三颗小星星！

（6）对比孩子前一天的表现，如果有进步，可以多点亮一颗小星星，如果退步了，则减少点亮星星的数目，表现很差时将不能点亮小星星！

（7）一周以后根据点亮的星星数量决定给予孩子何种奖惩。

小贴士：请思考，你的家庭教养模式是怎样的？是民主型、权威型还是其他类型？你制定的目标是孩子的目标还是家长的目标？一定要记住尊重孩子！民主型教养模式是指父母与子女在认知、情感、行为上比较协调一致，这种教养模式较为理想，有利于儿童心理的健康发展。权威型教养模式是指父母会提出合理的要求，对孩子的行为作出恰当的限制，设立恰当的目标，并要求孩子服从和达到这些目标。同时，父母会表现出对孩子成长的关注和爱，会耐心倾听孩子的观点，并鼓励孩子参与家庭决策。

妈妈：前面的打卡记录展示了小悟这一周的学习表现。这一周的任务相对简单，选用中性笔作为奖励。周一到周五，只有周二未完成任务，并且拖延得比较厉害，妈妈实施惩罚，小悟有比较强烈的抵触情绪，但受到鼓励之后，又开始坚持履行契约，目前小悟缺乏学习计划和注意力不集中的情况有所改善。

说明：每个阶段都需要总结和反思，以便保证行为契约的有效性。

老师：执行行为契约前期，应在小悟做得好的时候给予物质奖励，要让小悟每天看到实质性的收获，这样才能激励小悟。

说明：奖励需要具有即时性，每天都需要看到奖励；奖励也需要具有实质性，实质性的奖励才能让孩子有收获感。

这一周的成功经验使小悟对行为契约有了积极响应。英语是小悟最讨厌的学科，英语老师布置的作业有一定难度，是小悟最不爱做的作业，常常会把它放在最后完成，以至于丧失精力和耐心，乱选答案，因此妈妈觉得可以把这一点纳入行为契约。为了促使小悟更有动力完成任务，奖励可以改为她更想要的图画书。

说明：任务要循序渐进，在第一周完成较为简单的任务后，再完成相对困难的任务。

第二周契约之旅

基于小悟仍然存在的问题，妈妈微调了行为契约的内容，与小悟商量后，开始第二周契约之旅。

订立行为契约

行 为 契 约

我承诺，在接下来的一周内完成以下三个任务：

1. 开始做作业前主动跟妈妈说自己今天计划完成的学习

任务，并按时完成。

　2. 如果有英语作业，放在前面做且当天完成。

　3. 有更正的作业要及时更正，不能推后，英语作业更正不能抄答案，不懂的可以问家长。

奖励：

1. 每天三个任务都完成，睡前可以玩半小时手机。

2. 周一到周五有三天以上完成任务，可获得一本图画书。

惩罚：

如果当天有两个以上任务未完成，则取消睡前玩手机。

承诺人：小悟

见证人：妈妈

评价

　在实际生活中，行为契约的内容会随时间而改变，需要视情况而定。

打卡记录

　根据每天行为契约的完成情况，孩子可以获得几颗星星？来打卡记录孩子的成长吧！

日期	第一天	第二天	第三天	第四天	第五天
完成情况					
打星评价	☆ ☆ ☆ ☆ ☆ ☆	☆ ☆ ☆ ☆ ☆ ☆	☆ ☆ ☆ ☆ ☆ ☆	☆ ☆ ☆ ☆ ☆ ☆	☆ ☆ ☆ ☆ ☆ ☆

使用规则：

（1）由你来评定孩子今天的星星数量，孩子每天如实记录在表格中。

（2）如果你的孩子在一天内完成所有任务，则用喜欢的颜色点亮六颗小星星！

（3）如果你的孩子在一天内完成80%的任务，则用喜欢的颜色点亮五颗小星星！

（4）如果你的孩子在一天内完成60%的任务，则用喜欢的颜色点亮四颗小星星！

（5）如果你的孩子在一天内完成一半任务，则用喜欢的颜色点亮三颗小星星！

（6）对比孩子前一天的表现，如果有进步，可以多点亮一颗小星星，如果退步了，要减少点亮星星的数目，表现很差时将不能点亮小星星！

（7）一周以后根据点亮的星星数量决定给予孩子何种奖惩。

小贴士：与上周的表现相比较，孩子获得的小星星数目有增加吗？如果增加就说明有进步！每周进步一点点，日积月累好成绩。小星星也是一种精神奖励，可以让孩子更有学习热情。

妈妈：这周小悟行为契约的完成情况还算不错，每周三次的英语作业小悟都优先完成，没有拖延。但是，小悟的注意力不集中，可能是因为本周行为契约中取消了清理书桌这一项，书桌上堆积的玩具和零食分散了注意力。

说明： 发现上周有所改善的问题重新出现之后，应该反思原因，并在下一周制定行为契约时吸取经验。

妈妈发现，小悟没有耐心就会敷衍了事，不能保质保量完成作业，尤其体现在更正作业上，例如直接跳过语文生字更正这一项作业，或者在英语 App 上直接将错题答案抄下来，而不思考为什么做错。因此，本周需要重点关注的任务是及时更正作业，不能抄答案。小悟认为，这一任务的难度较大，原本有些抵触情绪，但跟她商量以她最想要的流沙笔盒作为奖励时，她欣然地在行为契约上签了字。

说明： 发现新的问题之后，不应该盲目批评孩子，而是应该耐心分析，并在下一周的行为契约中加以改善。难度较大的任务应该用更有吸引力的奖励，以保证孩子的积极性。

第三周契约之旅

达成一致后，妈妈微调了行为契约的内容，并与小悟签订了第三周的行为契约。

订立行为契约

行 为 契 约

我承诺，在接下来的一周内完成以下三个任务：

1. 开始做作业前主动跟妈妈说自己今天计划完成的学习任务，并按时完成。

2. 如果有英语作业，放在前面做且当天完成。

3. 有更正的作业要及时处理，不能推后，英语作业更正不能抄答案，不懂之处可以问家长。

奖励：

1. 每天三个任务都完成，睡前可以玩半小时手机。

2. 周一到周五有三天以上完成任务，可获得流沙笔盒一个。

惩罚：

如果当天有两个以上任务未完成，则取消睡前玩手机。

承诺人：小悟

见证人：妈妈

评价

当行为表现出现波动时，执行者也需要反思自己的不足，积极改进。如果孩子的目标行为还有进步空间，而且对目标行为比较熟悉，则没有必要改动。

惩罚过于频繁和单一，没有做到量化，容易使孩子对惩罚无动于衷。

小贴士：孩子毕竟是孩子，目标不要定得过高、过多，要适合孩子，尊重、理解孩子的成长规律，不要盲目地望子成龙、望女成凤！

老师：只有制定合理的目标，才能促进孩子的进步，切忌盲目追求效果，这样会适得其反。

打卡记录

根据每天行为契约的完成情况，孩子可以获得几颗星星？来打卡记录孩子的成长吧！

日期	第一天	第二天	第三天	第四天	第五天
完成情况					
打星评价	☆☆☆ ☆☆☆	☆☆☆ ☆☆☆	☆☆☆ ☆☆☆	☆☆☆ ☆☆☆	☆☆☆ ☆☆☆

使用规则：

（1）由你来评定孩子今天的星星数量，孩子每天如实记录在表格中。

（2）如果你的孩子在一天内完成所有任务，则用喜欢的颜色点亮六颗小星星！

（3）如果你的孩子在一天内完成80%的任务，则用喜欢的颜色点亮五颗小星星！

（4）如果你的孩子在一天内完成60%的任务，则用喜欢的颜色点亮四颗小星星！

（5）如果你的孩子在一天内完成一半任务，则用喜欢的颜色点亮三颗小星星！

（6）对比孩子前一天的表现，如果有进步，可以多点亮一颗小星星，如果退步了，要减少点亮星星的数目，表现很差时将不能点亮小星星！

（7）一周以后根据点亮的星星数量决定给予孩子何种奖惩。

妈妈：周一和周二，小悟忍不住想要忽略更正作业的任务，尤其是英语作业，偷偷将答案抄在卫生纸上，我发现后提醒了她。后面几天，小悟开始主动请家长帮忙解答不会的题目，完成作业状态不佳这一项的得分也逐渐降低。但是，小悟性格要强，发现自己错误较多时，很容易气馁，表现出烦躁、苦闷，因此完成作业时情绪一直不佳。

说明：发现孩子的问题后不要急于批评，而是应该提醒孩子，在维护孩子尊严的前提下，让她按照行为契约改善自己的行为。

小贴士：你真正了解自己的孩子吗？他（她）目前最迫切的需求是什么？良好的亲子关系以及加深彼此的了解是解决问题最重要的前提！

于是，经过协商，妈妈又与小悟签订了第四周的行为契约。

第四周契约之旅

订立行为契约

行 为 契 约

我承诺，在接下来的一周内完成以下三个任务：

1. 开始做作业前主动跟妈妈说自己今天计划完成的学习任务，并按时完成。

2. 每天默写两课语文词语，错的抄写三遍，默写完立马更正。

3. 每天背诵两页数学资料，没背出来的立即抄写一遍。

奖励：

1. 每天三个任务都完成，睡前可以玩半小时手机。

2. 周一到周五有四天以上完成任务，可获得一盒樱桃。

惩罚：

如果当天有两个以上任务未完成，则取消睡前玩手机。

承诺人：小悟

见证人：妈妈

评价

较好地修正了对孩子的奖励，投其所好，让孩子更有积极性去完成任务。

修正了惩罚措施，扣除星星是对惩罚作了一定量化，可以更加明确地执行行为契约。

打卡记录

根据每天行为契约的完成情况，孩子可以获得几颗星星？来打卡记录孩子的成长吧！

日期	第一天	第二天	第三天	第四天	第五天
完成情况					
打星评价	☆ ☆ ☆ ☆ ☆ ☆	☆ ☆ ☆ ☆ ☆ ☆	☆ ☆ ☆ ☆ ☆ ☆	☆ ☆ ☆ ☆ ☆ ☆	☆ ☆ ☆ ☆ ☆ ☆

使用规则：

（1）由你来评定孩子今天的星星数量，孩子每天如实记录在表格中。

（2）如果你的孩子在一天内完成所有任务，则用喜欢的颜色点亮六颗小星星！

（3）如果你的孩子在一天内完成80%的任务，则用喜欢的颜色点亮五颗小星星！

（4）如果你的孩子在一天内完成60%的任务，则用喜欢的颜色点亮四颗小星星！

（5）如果你的孩子在一天内完成一半任务，则用喜欢的颜色点亮三颗小星星！

（6）对比孩子前一天的表现，如果有进步，可以多点亮一颗小星星，如果退步了，要减少点亮星星的数目，表现很差时将不能点亮小星星！

（7）一周以后根据点亮的星星数量决定给予孩子何种奖惩。

小贴士：你真正了解自己的孩子吗？他（她）目前最迫切的需求是什么？良好的亲子关系以及加深彼此的了解是解决问题最重要的前提！

老师：了解孩子真正的需求，开展针对性的教育可以取得更好的效果。

第四周干预结束后，为了考察行为契约对改善学业拖延的效果，研究者在基线期、干预期和追踪期统计了小悟《小学生学业拖延量表》的得分，发现小悟的情况得到明显改善。

○ 干预结束后

来看看干预前后小悟在家状态的对比吧！

干预前，作业乱写乱画，坐姿随意、不端正；干预后，作业字迹工整，坐姿端正。

小悟学业自立水平变化的原因分析：第一，行为契约因素。行为契约能够让小悟对目标行为产生兴趣和动力，小悟与家长平等地讨论自己在课堂上的表现，参与制定行为契约的具体内容，使得小悟有动力执行行为契约。第二，奖励得当。在干预期，每周根据小悟的变化调整奖励方式，适应具体情况，做到投其所好，奖励对小悟有足够的吸引力。第三，惩罚及时有效。小悟日常的主要娱乐方式是在手机上看短视频，将取消玩手机作为惩罚且具体到每天，可以保证行为契约的持续性。第四，家长因素。小悟的母亲关注小悟的成长，对此次行为契约的实施很感兴趣，因此在整个干预过程中母亲与小悟的联系很密切，母亲的鼓励与监督对小悟有积极影响。

课堂行为契约

想让学生在课堂上更加自立吗？来和学生做个约定吧！

📖 案例导入

小悟是一名小学生，老师发现小悟的课堂表现很不好。

第一，上课难以集中注意力。上课总是玩一些小东西，很容易被别人玩的东西吸引，喜欢想自己的事情，真正跟着老师认真学习的时候很少。

第二，上课经常说话。经常在课堂上和其他同学说话，课堂上发生任何事情、看到任何东西都要和同学说，有时候隔着走道还要和别人说说笑笑，扰乱课堂秩序。

第三，上课很少举手发言。容易开小差、说话，被老师点名回答问题时不知道老师在问什么，有时候学生依次回答问题，轮到小悟的时候就很慌乱，不知道轮到谁了。有时候会回答问题，但胆子比较小，又很在乎别人的看法，所以很少举手回答问题，害怕出错。

针对小悟的以上表现，研究者采用《6 ～ 12岁儿童自立行为问卷》课堂学业自立行为分问卷测量小悟的课堂学业自立水平，结果发现，小悟的课堂学业自立总分为32分，低于班级平均分。经过行为契约干预，小悟的问题得到明显改善，让我们一起来看看小悟的基本情况吧！

个 人 档 案

　　姓名：小悟

　　性别：男

　　年龄：7岁

　　家庭成员：妈妈、爸爸

　　个人爱好：吃奥利奥，玩积木，看动画片

　　问题诊断：第一，上课难以集中注意力。第二，上课经常说话。第三，上课很少举手发言。

　　干预结果：经过行为契约干预，小悟的课堂表现明显改善，不再随意站立、讲话，不玩与课堂无关的东西，上课时愿意与老师交流，回答老师的问题。

○ 干预方案

　　老师：小悟妈妈你好，根据这段时间的观察，我发现小悟在课堂上表现不是特别好。他经常说话，玩与课堂无关的东西，开小差，胆子比较小。这些都是课堂学业自立水平不高的表现，我们应该想办法改变这种情况。

　　妈妈：老师，我和小悟爸爸平时工作很忙，在这方面也没有太

多经验，请问怎样才能提高小悟的课堂学业自立水平呢？

小贴士：行为契约可分为双方契约和单方契约两种类型。单方契约是签约人与签约管理人签订的契约，契约中明确了签约人需要矫正或养成的目标行为，并且指出目标行为与对该行为的奖惩的关联，即"当出现某种行为时，会受到某种奖励/惩罚"。

行为契约的制定包含确立目标行为、测量目标行为、选择奖励和惩罚、确定契约的实施时间、确定契约的实施者五个方面。在制定行为契约的过程中，我们要根据小悟的行为特点、兴趣爱好等，以使行为契约更有针对性。

说明：为了确保行为契约具有针对性和有效性，制定行为契约时要充分考虑孩子的行为特点和兴趣爱好。制定行为契约之前，老师对学生进行了为期一周的观察，等学生的行为基本稳定后，再开始制定行为契约。在观察初期，老师对学生的关注可能会使学生出现不同于以往的行为，因此需要先观察一段时间，使学生习惯老师的关注，等学生的行为基本稳定后再开始制定行为契约。

老师：小悟的这种情况我以前也遇到过，我想可以采用制定行为契约的方法来提高小悟的课堂自立水平。这关系到小悟在课堂上的表现，因此建议运用制定课堂契约的方式。

说明：行为契约分为课堂契约和家庭契约，此处小悟的情况使用课堂契约更合适。

妈妈：老师，请问用行为契约的方法来改善小悟的行为，我们具体应该怎么操作呢？

下面我们根据这五个方面的内容，结合小悟的基本情况，来制定针对小悟的行为契约吧！

第一步　确立目标行为

具体实施：根据老师的观察，小悟的不良行为主要有上课难以集中注意力，总是玩一些小东西，上课经常说话和不爱举手回答问题，我们可以据此确定目标行为。之前和小悟沟通过，这些也是他想要改掉的坏习惯。因此，确定的目标行为是课桌上只放课本和文具，不做小动作；认真听讲，不和别人说话；会回答的问题一定举手回答。

分析：契约中的目标行为必须是可量化的、明确的行为。在本案例中，目标行为是家长与孩子都希望习得的行为，通过家长观察、教师访谈，以及与学生本人讨论商量后确定合理的目标行为。为了保证目标行为的有效性，每周结束后会根据本周干预情况调整目标行为。

第二步　测量目标行为

具体实施：小悟的这些行为都是可以明确观察和记录的，并且都发生在课堂上，所以由老师在课堂上用观察的方法测量和记录。

分析：目标行为都是可以明确观察和记录的，目标行为的测量是一种客观依据，用以保证合理地实施奖励和惩罚。这是制定行为契约非常关键的一步。

第三步　选择奖励和惩罚

具体实施：奖励和惩罚由老师与小悟协商之后确定。小悟很需要鼓励，老师对他的鼓励和表扬有激励作用。精神奖励以表扬为主；小悟曾表示很喜欢吃奥利奥，所以奥利奥可以作为物质奖励，希望能投其所好。小悟是一个比较在乎老师和同学看法的孩子，因此将惩罚定为在全班受批评。

分析：选择奖励和惩罚是制定行为契约最重要的环节。如果目标行为出现，则给予奖励以强化目标行为。如果非目标行为出现，则施加惩罚以削弱非目标行为。为了保证奖励和惩罚的有效性，奖励本着投其所好的原则，根据孩子的喜好设置不同的奖励，并根据具体情况调整奖励，惩罚应该秉持尊重性、教育性原则设置。奖励和惩罚的实施应当具有即时性。

第四步　确定契约的实施时间

具体实施：小悟周一到周五都在学校上课，行为契约一周签订一次，每份契约的起始时间为周一，终止时间为周五。每周结束之后，老师总结小悟的表现，并确定下一阶段的行为契约。

分析：为了保证行为契约实施的有效性，必须按照孩子的实际情况来确定契约的起始和终止时间。每一阶段的行为契约结束之后，都需要总结和改进，并且确定下一阶段的行为契约。

第五步　确定契约的实施者

具体实施：课堂契约规定的目标行为一般都发生在课堂，所以老师比妈妈更加方便充当契约的实施者。

分析：契约的实施者需要观察和记录孩子的目标行为，并且根据完成情况提醒孩子，即时给予奖励和惩罚。

老师：以上就是制定行为契约的具体步骤！和小悟协商之后，如果没有问题，就可以在下周实施了。在这个过程中，我会注意每周的契约完成之后都要总结，根据实际情况调整下一步的行为契约。

经过讨论和协商，老师与小悟签订了为期一个月的行为契约。

○ 操作过程

第一周契约之旅

订立行为契约

行　为　契　约

我承诺，在接下来的一周里，在数学课上要做到：

1. 课桌上只放课本和文具，不做小动作。

---

2. 认真听讲，不和别人说话。

3. 会回答的问题一定举手回答。

奖励：

如果每天在数学课上完成以上任务，则可以在全班同学面前得到老师的表扬，如果连续一周完成，则奖励一包奥利奥。

惩罚：

如果有一天没有完成任务，则在全班同学面前提出批评并取消奖励。

承诺人：小悟

见证人：老师

评价

任务数较为合理，在学生能够完成的范围之内；目标行为具体，可量化后评估。

要做到物质奖励与精神奖励并用。精神奖励不能过于频繁，表扬过于频繁易使孩子失去兴趣；物质奖励奥利奥所需时间过长，没有做到即时奖励。

（注：奥利奥可以换成其他类型的奖励，需投其所好）

打卡记录

根据每天行为契约的完成情况，学生可以获得几颗星星？来打卡记录学生的成长吧！

日期	第一天	第二天	第三天	第四天	第五天
完成情况					
打星评价	☆ ☆ ☆ ☆ ☆ ☆	☆ ☆ ☆ ☆ ☆ ☆	☆ ☆ ☆ ☆ ☆ ☆	☆ ☆ ☆ ☆ ☆ ☆	☆ ☆ ☆ ☆ ☆ ☆

使用规则：

（1）由你来评定学生今天的星星数量，学生每天如实记录在表格中。

（2）如果你的学生在一天内完成所有任务，则用喜欢的颜色点亮六颗小星星！

（3）如果你的学生在一天内完成80%的任务，则用喜欢的颜色点亮五颗小星星！

（4）如果你的学生在一天内完成60%的任务，则用喜欢的颜色点亮四颗小星星！

（5）如果你的学生在一天内完成一半任务，则用喜欢的颜色点亮三颗小星星！

（6）对比学生前一天的表现，如果有进步，可以多点亮一颗小星星，如果退步了，要减少点亮星星的数目，表现很差时将不能点亮小星星！

（7）一周以后根据点亮的星星数量决定给予学生何种奖惩。

妈妈：打卡记录展示了小悟这一周的学习表现。这一周的前两天，小悟表现有进步，可能是因为他对行为契约有一定的新鲜感，再加上老师和家长的强调，所以比较重视行为契约，上课说话和玩

138

小东西都有所改善，但在这一周的最后两天小悟的表现反而不如之前了，这是为什么呢？

说明：每个阶段都需要总结和反思，以保证行为契约的有效性。

妈妈：我认为第一周的行为契约带给小悟的新鲜感只持续了两三天，前两天小悟获得老师的表扬后十分开心。之后的两三天，除了老师的表扬，小悟并没有感受到行为契约给他带来的好处，所以渐渐对行为契约失去兴趣，该如何是好呢？

说明：老师的观察与反馈对行为契约的调整很重要。

小贴士：老师应该及时了解学生的需求，建立简明易懂的规矩，切实执行，通过奖惩措施来规范学生的行为，这时奖惩的结果要和学生的切身利益联系在一起。

基于小悟仍然存在的问题，老师微调了行为契约的内容，与小悟商量后，开始第二周契约之旅。

第二周契约之旅

订立行为契约

行　为　契　约

我承诺，在接下来的一周里，在数学课上要做到：

1. 课桌上只放课本和文具，不做小动作。

2. 认真听讲，不和别人说话。

3. 会回答的问题一定举手回答。

奖励：

如果每天在数学课上完成以上任务，将得到老师的表扬并奖励一块奥利奥，如果连续一周完成，老师就额外奖励一整包奥利奥。

惩罚：

如果有一天没有完成任务，则在全班同学面前提出批评并取消奖励。

承诺人：小悟

见证人：老师

评价

针对上一周的表现可以与孩子协商，修改行为契约中不合理的内容，此处奖励内容稍作修改。

打卡记录

根据每天行为契约的完成情况，学生可以获得几颗星星？来打卡记录学生的成长吧！

日期	第一天	第二天	第三天	第四天	第五天
完成情况					
打星评价	☆ ☆ ☆ ☆ ☆ ☆	☆ ☆ ☆ ☆ ☆ ☆	☆ ☆ ☆ ☆ ☆ ☆	☆ ☆ ☆ ☆ ☆ ☆	☆ ☆ ☆ ☆ ☆ ☆

使用规则：

（1）由你来评定学生今天的星星数量，学生每天如实记录在表格中。

（2）如果你的学生在一天内完成所有任务，则用喜欢的颜色点亮六颗小星星！

（3）如果你的学生在一天内完成80%的任务，则用喜欢的颜色点亮五颗小星星！

（4）如果你的学生在一天内完成60%的任务，则用喜欢的颜色点亮四颗小星星！

（5）如果你的学生在一天内完成一半任务，则用喜欢的颜色点亮三颗小星星！

（6）对比学生前一天的表现，如果有进步，可以多点亮一颗小星星，如果退步了，要减少点亮星星的数目，表现很差时将不能点亮小星星！

（7）一周以后根据点亮的星星数量决定给予学生何种奖惩。

老师：打卡记录展现了小悟这一周的进步，这一周小悟上课随意讲话，玩与课堂无关的东西这两个方面都有所改善，我觉得小悟在这两个方面虽然都有进步，但是还存在很多问题，需要改正。我并不打算随意更改契约内容，以小悟的性格，如果频繁随意更改契约内容，只会让小悟感到不适、混乱。

说明：一般情况下，行为契约的目标行为不宜随意改动，否则会让学生感到不适和混乱，从而影响行为契约的执行情况。

老师：这一周奥利奥对小悟的吸引力已经没有刚开始大了，于是我与小悟谈话。在谈话中，我问到下一周的奖励还要不要奥利奥时，小悟主动说希望奖励积木，我觉得应该遵循投其所好的原则，为了鼓励小悟敢于表达自己的想法，决定将积木定为下一周的奖励。

说明：奖励要根据学生的情况，具有针对性，尽量遵循投其所好的原则，并做到即时奖励。

老师：我的口头批评对小悟课堂学业自立行为的效果有所减弱，与小悟沟通后，我决定将下一周的惩罚定为扣掉一颗星星，因为星星对小悟来说很不容易积累，小悟也能接受在课堂上不遵守纪律扣掉星星。

说明：惩罚也需要根据实际情况作出合理调整。

小贴士：在执行契约的过程中，如果学生没有完成契约任务，又不愿接受惩罚，我们该怎么办呢？最好的办法是温和而坚定地执行。我们可以分三个小步骤去做：温和沟通，坚定拒绝，安抚情绪。如："小悟，答应别人的事情没做到是不是小小男子汉的行为呢？作为小小男子汉我们要勇于接受惩罚哦！"

达成一致后，老师在之前的基础上微调了行为契约的内容，并与小悟签订了第三周的行为契约。

第三周契约之旅

订立行为契约

> **行 为 契 约**
>
> 我承诺，在接下来的一周里，在数学课上做到：
>
> 1. 作好课前准备，课桌上只放课本和文具，不做小动作。
> 2. 认真听讲，不和别人说话，不开小差。
> 3. 会回答的问题一定举手回答。
>
> 奖励：
>
> 如果小悟每天在数学课上完成以上任务，将得到老师的表扬并奖励一块积木，如果连续一周完成，老师就额外奖励一整套积木。
>
> 惩罚：
>
> 如果有一天没有完成任务，则在全班同学面前提出批评并取消奖励。
>
> 承诺人：小悟
>
> 见证人：老师

评价

在实际生活中，行为契约的内容会随时间的变化而变化，需视情况而定。

惩罚过于频繁、单一且没有做到量化，容易使学生对惩罚无动于衷。

打卡记录

根据每天行为契约的完成情况，学生可以获得几颗星星？来打卡记录学生的成长吧！

日期	第一天	第二天	第三天	第四天	第五天
完成情况					
打星评价	☆ ☆ ☆ ☆ ☆ ☆	☆ ☆ ☆ ☆ ☆ ☆	☆ ☆ ☆ ☆ ☆ ☆	☆ ☆ ☆ ☆ ☆ ☆	☆ ☆ ☆ ☆ ☆ ☆

使用规则：

（1）由你来评定学生今天的星星数量，学生每天如实记录在表格中。

（2）如果你的学生在一天内完成所有任务，则用喜欢的颜色点亮六颗小星星！

（3）如果你的学生在一天内完成80%的任务，则用喜欢的颜色点亮五颗小星星！

（4）如果你的学生在一天内完成60%的任务，则用喜欢的颜色点亮四颗小星星！

（5）如果你的学生在一天内完成一半任务，则用喜欢的颜色点亮三颗小星星！

（6）对比学生前一天的表现，如果有进步，可以多点亮一颗小星星，如果退步了，要减少点亮星星的数目，表现很差时将不能点亮小星星！

（7）一周以后根据点亮的星星数量决定给予学生何种奖惩。

老师：经过前两周的干预，我总结了本周行为契约的执行情况和小悟的变化，本周小悟上课不随意讲话，不玩与课堂无关的东西的表现有所变差，我反思可能是因为这周太忙，与小悟沟通的时间太少。整合前三周小悟的情况，我认为小悟在目标行为上还有很大的进步空间，小悟已经很熟悉此次行为契约的目标行为，因此第四周的干预没有必要改变目标行为。

说明：当行为表现出现波动时，执行者也需要反思自己的不足，积极改进。如果学生的表现还有进步空间且对目标行为比较熟悉，则没有必要改动。

妈妈：我发现小悟获得积木时非常开心，所以我建议仍然将第四周的奖励设置为积木。

说明：奖励依然有效时，没有必要更改。

小贴士：一味地指责学生、命令学生是最失败的教育方式，当出现问题时，不妨和学生制定一个契约，郑重、正式地执行，让学生感觉到自己的重要性，达到真正的教育目的。

于是，经过协商，老师又与小悟签订了第四周的行为契约。

第四周契约之旅

订立行为契约

> **行 为 契 约**
>
> 我承诺，在接下来的一周里，在数学课上做到：
>
> 1. 课桌上只放课本和文具，不做小动作。
> 2. 认真听讲，不和别人说话，不开小差。
> 3. 会回答的问题一定举手回答。
>
> **奖励：**
>
> 如果小悟每天在数学课上完成以上任务，将得到老师的表扬并奖励一块积木，如果连续一周完成，将得到一整套积木。
>
> **惩罚：**
>
> 如果有一天没有完成任务，则在全班同学面前提出批评并扣掉一颗星星。
>
> 承诺人：小悟
>
> 见证人：老师

评价

对惩罚作了一定修正，扣掉星星是对惩罚的量化，可以使老师更加明确地执行行为契约。

较好地修正了对学生的奖励，投其所好，使学生完成任务更有积极性。

打卡记录

根据每天行为契约的完成情况，学生可以获得几颗星星？来打卡记录学生的成长吧！

日期	第一天	第二天	第三天	第四天	第五天
完成情况					
打星评价	☆ ☆ ☆ ☆ ☆ ☆	☆ ☆ ☆ ☆ ☆ ☆	☆ ☆ ☆ ☆ ☆ ☆	☆ ☆ ☆ ☆ ☆ ☆	☆ ☆ ☆ ☆ ☆ ☆

使用规则：

（1）由你来评定学生今天的星星数量，学生每天如实记录在表格中。

（2）如果你的学生在一天内完成所有任务，则用喜欢的颜色点亮六颗小星星！

（3）如果你的学生在一天内完成80%的任务，则用喜欢的颜色点亮五颗小星星！

（4）如果你的学生在一天内完成60%的任务，则用喜欢的颜色点亮四颗小星星！

（5）如果你的学生在一天内完成一半任务，则用喜欢的颜色点亮三颗小星星！

（6）对比学生前一天的表现，如果有进步，可以多点亮一颗小星星，如果退步了，要减少点亮星星的数目，表现很差时将不能点亮小星星！

（7）一周以后根据点亮的星星数量决定给予学生何种奖惩。

第四周干预结束后，老师测量了小悟的课堂学业自立水平，结果发现，小悟的课堂学业自立水平得到提高且课堂表现明显变好。

○ 干预结束后

来看看实施干预前后小悟课堂状态对比吧！

干预前，不认真做作业，乱写乱画，开小差，坐姿随意；干预后，认真写作业，字迹工整，不开小差，坐姿端正。

小悟课堂学业自立水平变化的原因分析：第一，行为契约因素。行为契约能够让小悟对目标行为产生兴趣和动力，小悟与老师平等地讨论自己在课堂上的表现，参与制定契约内容，使得小悟更有动力执行行为契约。第二，奖惩得当。在为期四周的干预过程中，每周根据小悟的变化调整奖惩方式，适应具体情况，奖励做到投其所好，惩罚设置合理。第三，教师因素。教师的积极参与一方面起到榜样作用，教师准备奖励物品，对小悟给予奖励，是一种说话算话的演示；另一方面教师的关注对小悟本身就是一种精神奖励。同时，无论是第一周制定行为契约还是之后每周修改行为契约，都基于教师与小悟的沟通，这一过程加深了师生之间的联结，使小悟对行为契约的态度发生变化。第四，家长因素。小悟的母亲十分关注小悟的成长，对此次行为契约的实施很感兴趣，所以在整个干预过程中母亲与教师的联系很密切，母亲的鼓励与监督对小悟有积极影响。

本章注释

[1] 申莉. 行为契约法对小学生课堂学业自立养成的个案研究［D］. 长沙：
湖南师范大学，2020.

[2] 凌辉，杨钰，刘朝莹，张建人，刘佳怡. 行为契约法改善小学生学业拖
延的个案研究［J］. 中国临床心理学杂志，2020，28（4）：861-866，
813.

第六章　校园心理剧

校园心理剧是一种心理干预方式，学生和教师通过表演特定的剧本，获得心理成长。它是由学生、教师或相关人员单独或共同针对某些心理问题选取主题、编写剧本，运用镜像、替身、角色互换、附加现实等各种相关技术，以戏剧创作的形式表现出来，以角色扮演的方式在班级内或专门场所表演，从而帮助扮演者和参与者达到心理成长的一种心理健康教育方式。有研究指出，校园心理剧对促进学生入学适应，帮助学生学会生活和养成良好生活习惯等方面大有裨益。本章以校园心理剧《自立之星》为例，讲述小悟通过表演校园心理剧不断提高自立能力的故事，介绍校园心理剧的使用方法，希望能给各位读者带来一些启发。下面，让我们一起去看看小悟的故事吧！

案例导入

今年，小悟上小学一年级，在日常生活中，他做事总是慢吞吞的，日常自立能力较差。小悟的爸爸是工程师，经常出差，妈妈工作也很忙，小悟在家主要由奶奶照顾。奶奶对他很溺爱，即使小悟已经上一年级了，奶奶还是帮小悟穿衣服，给他喂饭，甚至有时还想帮小悟写作业。

在学校里，他起床很拖拉，经常要老师单独叫醒他才会起来。他穿衣服也会穿反，总是找不到自己的东西，有时候找不到袜子，有时候找不到外套，有时候找不到自己的洗漱杯子，卫生方面比较邋遢。这让老师很苦恼。

你在日常生活方面足够自立吗？让我们一起来测测吧！

小悟完成《6～12岁儿童自立行为问卷》日常自立分问卷，测量结果显示他的日常自立总分为27分，稍低于平均得分32分，还需要继续努力。

怎样才能让小悟学会自立呢？老师苦苦思索了好久。这天，老师外出访学，带回来一本秘籍，书名为《自立之星》，听说它是帮助孩子自立的法宝。于是，老师召集了包括小悟在内的几名一年级同学，指导他们开始一场神秘的表演排练活动。

日常自立分数偏低？不要紧，让这本秘籍来帮你吧！

秘籍使用指南

适用对象

小学一年级学生。

时间安排

需要9周时间，每周2次排练，共计18次排练。心理剧的进度安排为：第1周团建，初步熟悉剧本；第2～5周每周交换一次角色，保证自立水平不高的每个人都能体验不同的角色，这有助于同学们换位思考，理解他人；从第6周起根据前面的表现，确定角色分配，然后固定角色，进行完整排练。

排练三阶段

每次都按照校园心理剧的三个阶段排练《自立之星》，即暖身、演出、分享，以突出校园心理剧的教育作用（见图6-1）。

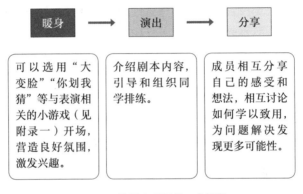

图6-1　校园心理剧的三个阶段

角色介绍

白天使：自立意识强的小悟。

黑天使：自立意识弱的小悟。

爸爸：严厉，希望小悟学会自立。

小悟：主人公，小学一年级学生，生活上不自立，让生活老师头痛不已。

妈妈：温和，想更多地照顾小悟。

小然：小悟的好朋友，原来像小悟一样生活上不自立，但成长迅速。她是个乐于助人的小天使。

生活老师：负责照顾学生的日常生活。

小方和小明：小悟的同班同学。

道具准备

各个角色的姓名牌，白天使、黑天使的天使翅膀和魔法棒，爸爸的胡子和领带，妈妈的耳环，生活老师的帽子、围裙，桌子（床、餐桌）、椅子、被子、洗漱用品、餐具，自立之星奖状、奖品。

注意：请小朋友们在表演的过程中遵从老师的指导，既要投入也要注意安全哦！在表演的过程中，注意声音、表情、眼神交流、肢体、环境、道具的使用，尽可能地贴合剧本。此外，要注意体现括号中的动作，记得配合台词使用。希望大家可以通过小悟的故事思考自己生活中的表现，作出改变。

操作过程

○ 第一幕　小悟的烦恼

场景：学校宿舍

出场人员：小悟、生活老师、小然、小明、小方

旁白：今天周五，又到了评选宿舍自立之星的日子。每周的这个时候，小悟都会十分烦恼，这是为什么呢？让我们一起来看看吧！

小贴士：旁白是画外音，可以简要交代和呈现情节转换、人物心理状态等，从而帮助演员迅速进入角色，观众也能快速抓住剧情，了解舞台上表演的内容[1]。

生活老师：今天，老师要选出这一周的自立之星！

小悟、小然、小明、小方（四人齐声说）：老师，我要当，我要当。

生活老师：小悟，你觉得你的表现可以当自立之星吗?

小悟：为什么不可以?

生活老师：你们给小悟说说，想成为自立之星要怎么样。

小然、小明、小方（齐声说）：自己的事情自己做!

小贴士：6～12岁儿童（小学生）的自立行为是一个两维度多层次的结构。领域维度分为一般领域自立、学业自立、日常自立、社会自立、道德自立等；每个领域维度又可划分为自我决断、自我行动、自我负责三个功能维度[2]。

生活老师：不错。具体还有哪些?

小方：自己的卫生自己清洁好。

小然：自己的衣服自己穿好。

小明：自己的东西自己保管。自己的东西自己整理。

生活老师：小悟，你好好反思一下，这些你都做到了吗?

小悟：哎。

旁白：听到这里，小悟长叹了一口气，默默地走开，开始陷入思考……

黑天使：叹什么气，自立之星有什么了不起的。

白天使：可是，老师说得没错，这些事情都应该你自己独立做好。

黑天使：我现在做得很好啊!

白天使：才不好呢，每次都是最后一名收拾好，有时候还不主动洗漱。生活老师已经批评我很多次了。

黑天使：那又怎么样？还有小然啊！我们一样都是最后一名。

白天使：这你就不知道了吧，你看小然！

（小悟看向小然，黑天使、白天使退场）

小然：老师，这周的自立之星是谁啊？

生活老师：小然，最近你有非常大的进步，生活方面完全不用老师操心了。所以，恭喜你成为这周的自立之星！

小然：谢谢老师！

生活老师：你们都要好好向小然学习啊！

小方、小明（齐声说）：小然，你真厉害！

旁白：看着原来跟自己一样的好朋友现在进步了，还成为自立之星，小悟心里有种说不出的感觉。

小悟：小然都成为自立之星了，而我却……，我应该怎么办呢？

第一幕表演完了，小朋友们一起来打分和总结吧！

五　星　榜	
爸爸：☆☆☆☆☆	小悟：☆☆☆☆☆
妈妈：☆☆☆☆☆	小然：☆☆☆☆☆
白天使：☆☆☆☆☆	小明：☆☆☆☆☆
黑天使：☆☆☆☆☆	小方：☆☆☆☆☆
生活老师：☆☆☆☆☆	
小收获：	

校园心理剧的效能：发现问题，解决问题。校园心理剧能够用一种特殊的方式，引导学生正视内心冲突和外在表现，为学生处理问题提供有针对性的、新的有效方法。帮助学生摆脱现实生活中存在的各种约束，发现问题的本质和解决方法，在思考解决问题的策略时更具发散思维和创造性[3]。

五星榜评分标准。五颗星：演技精湛，剧中的人物活灵活现，语言生动，表情丰富，语气多变，眼神和动作到位，表达自然流畅，演员之间配合默契。四颗星：演技细腻，能生动地表现人物性格，表情丰富，动作到位，表演专注，对白熟练，演员之间配合一般。三颗星：演技较好，能基本表现人物特点，对白基本熟练，语气和表情到位但不够丰富。两颗星：演技一般，对白不够熟练，动作比较生硬，演员之间配合不够默契。

○ 第二幕　豁然开朗

场景：家中客厅

出场人员：小悟、爸爸、妈妈

旁白：回到家中，小悟一直闷闷不乐，他将这件事告诉了爸爸和妈妈，他们会给小悟什么样的意见呢？

小悟：爸爸妈妈，为什么老师不让我当自立之星呢？

爸爸：生活老师已经说了，因为你在宿舍表现不好啊。

小悟：哪有？

爸爸：我都听说了，你在宿舍做什么事都要生活老师跟在后面催，催了还不做。

妈妈：没关系，生活方面的事我在家也可以帮他做。

爸爸：在学校你也帮他做？

爸爸：小悟，爸爸希望你做一个独立的好孩子，想不想当自立之星？

小悟：我想啊！

爸爸：生活上的事情自己做好。从现在开始，在家就要养成这个习惯。孩子他妈，你说呢？

妈妈：好吧。妈妈是该放手让你成长了，小悟过来，妈妈好好教你怎么做。

旁白：妈妈带着小悟来到他的卧室，开始教他叠被子，整理衣柜。

妈妈：首先是叠被子。左看看，右瞧瞧，对折平，放旁边。

小悟：首先是叠被子。左看看，右瞧瞧，对折平，放旁边。

小贴士：日常自立的影响因素分为内在因素和外在因素两个方面。内在因素主要包括心理控制源和认知方式，外在因素主要包括家庭和学校教育[1]。

妈妈：还有，你要学会整理自己的衣柜。妈妈先教你叠衣服。

小悟：好了，是这样吗？

妈妈：对的！小悟真棒。

小悟：我这样就可以成为自立之星吗？

妈妈：这只是一部分，今天先把自己的房间整理好，在学校你还要多向小然学习。

妈妈：小悟，付出总会有回报，妈妈相信你一定能行！

第二幕表演完了，小朋友们一起来打分和总结吧！

五 星 榜	
爸爸：☆☆☆☆☆	小悟：☆☆☆☆☆
妈妈：☆☆☆☆☆	小然：☆☆☆☆☆
白天使：☆☆☆☆☆	小明：☆☆☆☆☆
黑天使：☆☆☆☆☆	小方：☆☆☆☆☆

生活老师：☆☆☆☆☆

小收获：

校园心理剧的效能：体验角色，疏导情绪。这种表演的过程能够让学生体验他人在某种情节设定下的内心感受，加深学生对他人的理解。此外，在鼓励学生扮演不同角色时，能够帮助学生深入思考，体验他人的情感，改善学生与他人的关系。

○ 第三幕　努力改变

场景： 学校宿舍

出场人员： 小悟、生活老师、小然、小明、小方

旁白： 听了爸爸妈妈的鼓励，小悟决定好好向小然学习。这天早上，小然、小明、小方已经在穿衣服了，可小悟还在发呆。

生活老师： 小悟，快点穿衣服！

小悟： 小然衣服都已经穿好了，我要快点了！（小悟边揉眼睛

边坐起来，看了看四周）

小方：小悟你是乌龟吗？总是倒数第一。

小明：小悟，你今天又要最后一名了吧，哈哈哈！（说完两人先去洗漱）

小悟：哼，才不是！

小然：小悟，你快一点，我等你一起去刷牙洗脸吧。

小悟：谢谢小然，我马上就好。

（小悟飞快地穿好衣服，再把被子叠好。两人一起去刷牙洗脸，退场）

旁白：转眼到了吃午饭的时间，小悟学着小然的样子，先洗完手再去吃饭。

生活老师：小悟今天表现不错，自己主动洗了手。

小悟：老师，我会继续好好表现的。

小然：小悟，你还没有把桌上的饭菜收掉呢！

小悟：好的，我忘记了，谢谢你提醒我。

（小然说完，低头收拾自己桌上的饭菜）

（小悟快速收拾好饭菜，和小然一起把餐具放到回收处）

小然：吃完饭，要记得洗手和擦嘴巴。

小悟：洗洗手，擦擦嘴。

小然、小悟齐声：拜拜小细菌，洗完手没油渍。干净宝贝就是我！

（播放歌曲《燃烧我的卡路里》）

旁白：小悟每天都在向小然学习，一天天进步，可还是一直没有成为自立之星。

旁白：第一周颁奖时

小悟：老师，这周我已经不是最后一名了，我可以成为自立之星了吧？

生活老师：小悟，你要继续加油。这周的自立之星是小方！

小方：谢谢老师！

小悟的独白：好的，小悟不要放弃，你还可以做得更好。

小贴士：独白技术的运用，一方面可以反映角色人物的内心想法，另一方面可以帮助观众产生共鸣，换位思考，从而改善认知[4]。

旁白：第二周颁奖时

小悟：这周我每天都自己主动刷牙洗脸，我肯定能够成为自立之星！

生活老师：这周小明比你表现更好，所以这周的自立之星是小明！

小然：小悟，坚持下去，下周你一定能成为自立之星。

旁白：第三周颁奖时

小悟：这周我已经很努力做好自己所有的事情了，还不让我当自立之星吗？

生活老师：我宣布这周的自立之星是小然！

小然：谢谢老师！

小悟的独白：我再坚持一下吧，妈妈说付出总会有回报。

第三幕表演完了，小朋友们一起来打分和总结吧！

五　星　榜	
爸爸：☆☆☆☆☆	小悟：☆☆☆☆☆
妈妈：☆☆☆☆☆	小然：☆☆☆☆☆

五 星 榜	
白天使：☆☆☆☆☆	小明：☆☆☆☆☆
黑天使：☆☆☆☆☆	小方：☆☆☆☆☆
生活老师：☆☆☆☆☆	

小收获：

校园心理剧的效能：模拟角色，塑造行为。校园心理剧的场景设定经常是现实生活中的某种冲突情景，可以为学生提供更多学习机会，成为老师帮助学生改变和塑造行为的特别方式。

○ 第四幕 成为自立之星

场景：学校宿舍

出场人员：小悟、生活老师、小然、小明、小方

旁白：不知不觉一个月过去了，小悟有了想要放弃的念头，内心又开始挣扎。

小悟的独白：哎，我还要不要坚持呢？

黑天使：放弃吧，反正你也拿不到自立之星。

白天使：不能放弃，你的表现老师都看得到。

黑天使：老师要是看得到，为什么不让你当自立之星呢？

白天使：那是老师在考验你啊，看你能不能坚持下去。

黑天使：别好好表现了，反正没有奖励。

白天使：难道你做这么多就只是为了奖励吗？

黑天使：没有奖励，我为什么还要好好表现？

白天使：你要成为更好的自己啊！不是为了奖励，而是为了你自己。

小贴士：替身技术。替身作为镜子表现主角内心同时存在的多种不同感受，通过模仿主角内心潜在的想法和感受，进一步促使主角产生心得感悟，觉察真实的内心活动[4]。

旁白：想到这里，小悟似乎想通了……

小悟的独白：（充满斗志）对！我不应该只为了奖励去表现。我要做最好的自己！

（这个时候，生活老师入场）

生活老师：你们猜猜这周的自立之星是谁？

小然：老师，这周是小悟了吧！

生活老师：是的，小悟，这周的自立之星就是你！

小悟：真的吗？真的是我吗？

（生活老师把奖状和奖品交到小悟手里，小悟既开心又惊讶）

小贴士：父母教养模式、亲子依恋和学校教育方式对儿童自立的养成具有重要影响。父母教养模式主要有权威型、民主型、专制型、放任型。已有研究指出，民主型父母抚养的儿童更为自信、独立、爱探索[1]。

生活老师：是的，老师就是想看你能不能坚持，事实证明，小悟是很棒的！

小然、小方、小明齐声说：哇，小悟，恭喜你成为自立之星！

小悟：谢谢老师！我一定会继续加油做一个自立的好孩子。

（这个时候爸爸妈妈刚好来到宿舍，小悟跑向爸爸妈妈）

　　小悟：爸爸妈妈，我终于成为自立之星了！

　　爸爸妈妈齐声说：我们家小悟真棒！真是爸爸妈妈的好孩子！

　　第四幕表演完了，小朋友们一起来打分和总结吧！

五　星　榜	
爸爸：☆☆☆☆☆	小悟：☆☆☆☆☆
妈妈：☆☆☆☆☆	小然：☆☆☆☆☆
白天使：☆☆☆☆☆	小明：☆☆☆☆☆
黑天使：☆☆☆☆☆	小方：☆☆☆☆☆
生活老师：☆☆☆☆☆	

小收获：

　　校园心理剧的效能：促进学生的自我教育。校园心理剧的剧本以学生的真实需要为基础，因此在编排和观看的过程中，学生能够切实产生深刻的体验和感悟，为应对和处理现实生活中的问题或冲突提供有效帮助和参考。

后来的故事

　　9周后，神奇的事情发生了。使用秘籍的孩子们好像都脱胎换骨了一般，再也不像从前那样处处要老师操心了。

在为期9周的校园心理剧排练过程中，小悟体验了不同的角色，既扮演过努力争取的小悟，细心善良的小然，也扮演过严肃的爸爸，懂事有智慧的白天使。小悟不再像以前一样拖拉了，一早没人叫他就起床，自己穿好衣裤洗漱。现在他也不是最后一名了，穿衣服也不像以前经常穿错，会稍微整理衣柜，生活方面进步很大。其他几个一起排练的小伙伴也和他一样，成长为自立的好孩子。

还记得前面做的6～12岁儿童日常自立问卷吗？在9周的校园心理剧结束之后，不妨再来测一测。下面一起来看看小悟的变化吧！

小悟的日常自立得分最初为27分，低于平均水平，通过校园心理剧，小悟的日常自立得分达到36分，并且在结束后仍然保持不错的分数（34分），这说明校园心理剧的干预提高了小悟的日常自立水平（见表6-1）。

我们可以看出，经过校园心理剧干预，小悟的日常自立行为明显增加。在干预之前（基线期），我们观察到小悟平均每周出现11次日常自立行为，在干预时（干预期）平均每周出现13次日常自立行为，在干预结束后（追踪期），小悟的日常自立行为平均每周多达17次。在小悟身上，校园心理剧的干预效果得到较好的保持。

表6-1　小悟日常自立得分

	干预前	干预后	追踪期
得分	27	36	34

表6-2　小悟日常自立行为观测频次

	基线期 （第1～4周）				干预期 （第5～13周）									追踪期 （第14～ 15周）	
时间 （周）	1	2	3	4	5	6	7	8	9	10	11	12	13	14	15
频次	11	10	11	11	10	9	9	10	11	15	17	16	19	15	18

图6-2　小悟日常自立行为观测频次结果

（注：以上数据引自彭双《校园心理剧对小学一年级学生日常自立养成的实验研究》中个案H的研究）

　　日常自立行为观测表以日常自立分问卷为依据编制，经过多次讨论、修改及自立研究专家的评定，最终确定22个观测条目（具体内容见附录二）。观测表得分越高，表明被观察者当天出现的日常自立行为越多。

　　在学校一年一度的春节联欢晚会上，小悟和小伙伴们顺利完成校园心理剧《自立之星》的演出，得到人们的一致好评。看着这些孩子在舞台上绽放光芒，老师和家长都露出了欣慰的笑容。

成长记录

表演结束了，一起粘贴表演的精彩瞬间吧!

（粘贴剧照处）

表演心得

奖状

（可裁剪）

本章注释

［1］彭双.校园心理剧对小学一年级学生日常自立养成的实验研究［D］.长沙：湖南师范大学，2020.

［2］凌辉，黄希庭.6～12岁儿童自立发展特点的研究［J］.心理科学，2009，32（6）：1359-1362.

［3］武婷婷，阳希，刘衍玲，郭成.校园心理剧的常用技术及应用［J］.中小学心理健康教育，2018（18）：29-31.

［4］秦娟.校园心理剧及其应用价值研究［J］.中小学心理健康教育，2017（4）：8-13.

附 录 一

"你划我猜" 游戏说明

◆ 游戏准备：题目；两人一组，一人比划一人猜题。

◆ 游戏规则：比划者根据裁判提供的题目，用肢体语言和口头语言向猜题者传达信息，但是不得说出题目中带有的字。如果猜不出可以喊"过"，每组有4次机会。猜题者需要根据比划者提供的信息猜测题目，其他成员不能提醒。在5分钟内（此规定时间可根据需要调整）猜出题目数量多的队伍获胜。

◆ 题目：例如"照镜子""臭美""爬树"等。

"大变脸" 游戏说明

◆ 游戏准备：各种表情脸谱。

◆ 游戏规则：小朋友听老师口令，做出相应的表情。

如小朋友（蒙住脸）：变变变，变什么?

老师：我来说，你来变。大家一起XXX。

小朋友立刻放下手，做出相应的表情，反复交换角色练习不同的表情词语。待游戏熟练之后，可以让小朋友扮演老师的角色，两人一组玩游戏，表演"变脸"。

◆ 题目:"眯眯笑""哈哈大笑""哇哇大哭""不哭也不笑""愤怒"等小朋友能够理解并做出表情的词语。

附　录　二

小学一年级学生日常自立行为观测表

观测目标行为		完成	观测时间
1. 叠被子不需要他人提醒催促			
2. 穿衣服不需要他人提醒催促			6：40—7：00
3. 主动刷牙			
4. 主动洗脸			
5. 主动喝水			6：40—8：00
6. 早餐	用餐前不需要老师提醒，主动洗手		
	吃完饭主动清洁桌面垃圾并将碗筷放入指定处		7：30—8：00
	用餐后主动清洁手部和嘴部		
7. 午餐	用餐前不需要老师提醒，主动洗手		
	吃完饭主动清洁桌面垃圾并将碗筷放入指定处		12：00—12：30
	用餐后主动清洁手部和嘴部		

续　表

观测目标行为		完成	观测时间
8. 主动洗澡			17：00—18：00
9. 晚餐	用餐前不需要老师提醒，主动洗手		18：00—18：30
	吃完饭主动清洁桌面垃圾并将碗筷放入指定处		
	用餐后主动清洁手部和嘴部		
10. 内务整理	鞋子摆放在鞋架上		19：00
	毛巾晾晒在毛巾架上		
	衣柜中衣服叠好没有乱塞		
	床上整洁无杂物		
11. 睡前主动刷牙			20：00—20：30
12. 睡前主动洗脸			
13. 熄灯后不讲话吵闹，安静入睡			20：30—20：35

（此观测表为寄宿制学校作息，观察者视实际情况操作即可）

注：观察儿童在非学业时间表现出的日常自立行为，并在完成的条目后打"√"。此观测表以一天内儿童早晨起床至夜晚睡觉为时间顺序记录，观察者在观测表中行为条目出现的时间段进行观察后，记下行为反应是否出现。

图书在版编目（CIP）数据

在游戏中培养自立的孩子 / 凌辉著. —上海：上海教育出版社，2025.3. — ISBN 978-7-5720-2703-1

Ⅰ. G613.7

中国国家版本馆CIP数据核字第20251LL424号

责任编辑　徐凤娇

封面设计　郑　艺

在游戏中培养自立的孩子

凌　辉　著

出版发行　上海教育出版社有限公司

官　　网　www.seph.com.cn

地　　址　上海市闵行区号景路159弄C座

邮　　编　201101

印　　刷　上海叶大印务发展有限公司

开　　本　890×1240　1/32　印张 5.75

字　　数　129 千字

版　　次　2025年3月第1版

印　　次　2025年3月第1次印刷

书　　号　ISBN 978-7-5720-2703-1/B·0065

定　　价　45.00 元

如发现质量问题，读者可向本社调换　电话：021-64373213